Tout a
des rêves

I. Darras

EDITIONS

maison des
langues

Editions Maison des Langues, Paris

COLLECTION PLANÈTE ADOS

Auteur : Isabelle Darras

Coordination éditoriale : Lourdes Muñiz

Révision pédagogique : Cécile Canon

Conception de couverture : Enric Jardí

Illustration de couverture : Fernando Vicente

Conception graphique et mise en page : Luis Luján, Veronika Plainer, Aleix Tormo

Illustrations : Laurianne López

Activités : Danièle Seraphine

Enregistrements : Jean-Paul Sigé

Basé sur *Tout au bout des rêves.* © Ernst Klett Verlag GmbH, Stuttgart, Allemagne, 2010
© Difusión, Centre de Recherche et de Publications de Langues, S.L., 2012

ISBN édition internationale : 978-84-8443-890-8
ISBN édition espagnole : 978-84-683-0619-3

Dépôt légal : B-10535-2012
Réimpression : février 2016
Imprimé dans l'UE

www.emdl.fr

Tout au bout des rêves

Marlène, la mère de Sami et Loubna
décide de changer sa vie et de réaliser
son rêve. Loubna a plein de doutes et
Sami ne sait pas comment mener sa vie.
Ils sont sur le point d'être adultes et ils
doivent apprendre à diriger leur vie.

Sommaire

Avant lecture

1. La couverture

a) Regardez l'image de la couverture et décrivez la femme en deux lignes.

_____

_____

- Qu'en pensez-vous ? _____
- D'après vous, quel âge a-t-elle ? _____
- À quoi pense-t-elle ? _____

b) Faites des hypothèses sur l'histoire.

_____

2. Le titre

1. Comprenez-vous le titre ? _____
2. Que peut signifier ce titre d'après vous ? _____
3. Cherchez dans un dictionnaire les mots que vous ne comprenez pas.

_____

3. La table des matières

a) Quelles informations les chapitres indiquent-ils sur l'histoire, le récit et les personnages ? _____

b) Les 3 personnages :

	vrai	faux	?
Loubna est un prénom de garçon.			
Marlene est un prénom féminin.			
Sami est un prénom anglais.			
Ce sont les membres d'une même famille.			

Loubna-d'origine Marocaine

1. Choquée
étonner

PISTE 1

crazy

Je regarde maman et je me dis qu'elle est devenue folle. Il y a cinq minutes quand elle nous a demandé, à Sami et à moi, de venir dans la cuisine parce qu'elle avait quelque chose à nous dire, j'ai tout de suite été très inquiète. J'ai pensé que maman allait nous annoncer un truc grave, une maladie grave, par exemple. Je n'avais pas du tout imaginé qu'elle avait disjoncté[1]. 5

On s'est assis, Sami et moi, de chaque côté[2] de la table, comme on en a l'habitude quand on mange ensemble tous les trois. Elle est restée debout[3] _stand_ contre la cuisinière[4] _cooker_. Je l'ai trouvée belle, ma 10 mère, belle et jeune, avec ses cheveux longs, son pull de toutes les couleurs, son vieux jean et ses bottes. Elle était très calme, comme quelqu'un qui a longtemps réfléchi avant de parler.
Elle a commencé par nous expliquer qu'elle avait décidé de changer de vie. 15

– Les enfants, j'ai 36 ans, elle a dit. Il est temps, pour moi, de faire ce qui me plaît.
Elle s'est arrêté quelques secondes, puis elle a continué : 20
– Je veux devenir clown.
– Quoi ? a crié mon frère comme s'il n'avait pas bien entendu.
– J'ai toujours eu envie d'être clown, elle lui a répondu avec un grand sourire. 25

— Ah, bon ! a fait Sami.

— C'est mon rêve depuis que j'ai cinq ans ! Enfant, le plus beau cadeau qu'on pouvait me faire, c'était de me donner un billet de cirque[5].

5 Les yeux de maman pétillaient[6] comme du champagne. Moi, j'ai eu l'impression que le sol s'ouvrait sous mes pieds comme dans un tremblement de terre[7]. Je ne pouvais plus rien faire, ni même parler.

— Génial ! Ça, c'est un projet pas banal, a tout de suite répondu
10 Sami.

Mon frère a toujours besoin de ne jamais rien faire comme les autres. Il se moque des « moutons[8] » qui vont tous dans la même direction : « Métro, boulot, dodo[9] »*. Pour maman, c'est normal : Sami est un artiste. Mais je me demande quel est son art.
15 Mon frère a deux ans de plus que moi, il aura bientôt dix-huit ans, mais il n'est pas aussi mûr[10] que moi et je ne suis pas aussi impulsive que lui. Moi, je réfléchis avant de parler ou d'agir.

Depuis quelques secondes, les mots de maman résonnent[11] dans ma tête : « Il est temps pour moi de faire ce qui me plaît ».
20 J'ai l'impression que ma mère est devenue une étrangère. Est-il possible de vivre si longtemps avec quelqu'un sans le connaître vraiment ?

— Qu'est-ce que tu en dis, Loubna ? me demande maintenant maman parce que je ne me suis pas encore exprimée.
25 — Et, ton travail ? je dis enfin.

— Mon travail ? Je suis au chômage depuis ce matin.

Maman nous annonce la nouvelle comme si elle n'avait aucune importance.

* « **Métro, boulot, dodo** » : expression très fréquente en France pour évoquer la routine des gens qui, tous les jours, prennent le métro, vont au travail puis rentrent chez eux pour dormir.

— Tu rigoles[12] ? fait mon frère qui se lève maintenant au milieu de notre toute petite cuisine. Moi je pensais que clown, c'était en plus de ton travail pour te faire un peu d'argent en plus...

Sami ne sourit plus. Pour lui, l'argent, c'est une question essentielle.   5

— Non, pas du tout ! répond maman.

— Qu'est-ce qui s'est passé ? je demande.

— Le plan social qu'on attendait depuis des années est enfin arrivé ! 75 postes en moins ! Ils ont demandé s'il y avait des volontaires[13] pour partir ? J'ai réfléchi cinq minutes et j'ai   10 dit oui.

— Pourquoi tu as répondu tout de suite ? Ça pouvait attendre, non ? je fais.

— Quand on est volontaire, on a une prime[14]. Comme je travaille dans l'usine[15] depuis 15 ans, je vais recevoir pas   15 mal d'argent... Au moins quinze mois de salaire[16].

Sami n'est plus inquiet question argent. Il crie :

— Elle a eu raison de signer tout de suite !

Quand mon frère m'énerve, j'ai envie de le couper en morceaux.

— Et après, si maman ne trouve pas de travail, c'est toi qui vas   20 aller travailler peut-être ? Tu es encore loin d'avoir ton bac !

— Toujours à faire la leçon, mademoiselle Loubna. Mais on peut vivre sans avoir le bac*.

— Je ne te le conseille pas, Sami, fait maman.

— Tu as pensé à nous ? je demande.   25

— Elle n'a pas besoin de te demander ton avis, ajoute mon frère. T'es pas sa mère ! Elle est assez grande pour savoir ce qu'elle doit faire, non ?

— Ça suffit, maintenant, tous les deux ! s'énerve maman.

---

* **Bac :** le baccalauréat est l'examen que l'on passe à la fin du lycée.

Puis elle se tait et nous restons longtemps comme ça tous les trois dans la cuisine. Sans un mot, sans un regard. C'est comme si, tout à coup, on n'était plus une famille mais trois personnes isolées[17] dans leur bulle[18] personnelle.

5 — Dans la vie, c'est important de faire ce qu'on aime et d'aller au bout[19] de ses rêves, dit enfin maman. Vous pouvez trouver ça stupide, mais mon rêve, c'est d'être clown. Je vous demande d'être tolérant avec moi.

— Concrètement, comment tu vois les choses ? je demande.

10 — Avec l'argent de la prime, je vais faire une formation, apprendre le métier. J'ai des contacts. Peut-être que ça ne marchera pas. Mais je ne veux rien regretter. Je ne veux pas me dire que j'avais un rêve et que je n'ai même pas essayé de le réaliser.

15 Sami fait oui avec la tête. Moi, je ne comprends pas :

— Mais tu ne nous as jamais parlé de ton rêve...

— J'avais oublié tout ça.

Maman ne me convainc pas.

Je quitte la cuisine et je disparais dans ma chambre. Je ne
20 comprends pas pourquoi maman veut changer de vie. Sa vie, c'était quoi jusqu'à maintenant ? L'usine, ses cours d'anglais, la danse le samedi et nous.

Est-ce que c'était ennuyeux pour elle de s'occuper de Sami et de moi ?

25 Est-ce qu'elle a fait semblant toutes ces années d'être bien avec nous ?

Je me sens trahie[20] par maman. Abandonnée[21] aussi. C'est un sentiment bizarre. Maman ne nous quitte pourtant pas. Elle choisit seulement de faire ce qu'elle aime, c'est ce qu'elle dit.
30 J'essaie de me raisonner[22], mais c'est plus fort que moi. Tout à coup, je me sens si seule. Dans la vie, sans elle, je n'ai plus personne. Même à Noémie, je ne peux plus rien dire. Noémie

était jusqu'à la dernière rentrée ma meilleure amie. Mais, cette année, notre amitié n'est plus aussi forte. On ne se voit plus aussi souvent qu'avant. On s'envoie bien des messages, quelques mails, mais ce n'est pas comme quand nous étions des inséparables[23]. Qu'est-ce qu'on peut vraiment mettre dans un SMS ? Nos sentiments, en abrégé[24] sur nos portables, ont rapetissé[25] en réalité. 5

Avec Noémie, on est pourtant copines depuis qu'on a quatre ans. On a toujours été à l'école ensemble, puis au collège. Mais, cette année, Noé va au lycée d'Oullins, la ville où nous habitons, en banlieue, au sud de Lyon. Moi, je suis en seconde au lycée du Parc, à Lyon, l'un des meilleurs de France. Une chance pour moi qu'on ait accepté mon dossier là-bas. Ma prof principale m'a dit : 10

— Loubna, vous êtes une très bonne élève ! Allez-y ! 15

Lyon, sur la photo, constitue la troisième commune de France. Oullins se situe en banlieu sud de cette ville.

Comme Noé, j'imaginais que nous serions toujours amies. Rien ne pourrait détruire notre amitié. Quand Le Parc m'a annoncé

qu'il me prenait, Noémie était vraiment heureuse pour moi, même si ça lui serrait le cœur[26]. Maman aussi a toujours été d'accord avec mes projets, ce qui ne veut pas dire que ça ne l'inquiétait pas de me laisser partir à Lyon, la « grande ville »,
5   à cause de la foule dans les gares et des transports en commun, 45 à 50 minutes matin et soir, bus et métro. Maman ne m'a jamais laissée partir trop loin d'elle. Pour elle, Lyon, c'est déjà presque le bout du monde.

Finalement, les semaines ont passé, l'expérience n'est pas
10 vraiment positive. Ce qui est sûr, c'est qu'elle me coûte cher. Mon amitié avec Noémie, d'abord, qui n'est plus qu'un souvenir. Quand on ne se voit plus tous les jours, on perd facilement le contact.

Je regrette ma vie en banlieue qui n'était pas si mal avec des gens que je connaissais depuis toujours. J'y habite toujours,
15 mais, maintenant, je ne me sens plus chez moi. Je ne me sens pas non plus chez moi au lycée du Parc. Là-bas, les parents des élèves sont médecins, avocats, consultants, banquiers, militaires. Il n'y a aucun clown parmi eux. J'imagine maman à la réunion des parents d'élèves avec un nez[27] rouge et une
20 perruque bleue sur la tête. La honte ! Ouvrière, ce n'était pas facile à dire. Je préférais dire « technicienne » à la place. Mais clown, alors !

Mon arbre généalogique[28] n'est déjà pas un cadeau. <u>Mon père, Djalle, a quitté ma mère quelques semaines après ma naissance.</u>
25 D'après maman, il est rentré dans son pays, au Maroc, où il avait toute une famille qu'elle n'a jamais rencontrée et peut-être aussi une autre femme et d'autres enfants. Je ne sais rien de plus.

De son côté, ma mère, Marlène, n'a plus aucune relation avec ses parents qui n'ont jamais supporté qu'elle vive avec un Arabe.
30 Bonjour le tableau de famille !

Mais le plus dur[29] au lycée, ce n'est pas comment les autres me regardent et comment ils me regarderont quand ils sauront.

il a une nouvelle famille

J'ai appris à m'en moquer. Le plus dur, c'est moi : j'ai des notes catastrophiques, surtout en maths et en physique. Je ne comprends rien. Je travaille des heures, je passe ma semaine à ça, mes week-ends aussi. Moi qui n'avais jamais moins que 15 sur 20, je suis heureuse quand j'arrive à avoir 11 ou 12. La vérité, c'est que je n'ai pas le niveau du Parc.

Avec tout ça, je n'ai le temps pour rien. J'ai arrêté la piscine. Je cours encore, mais de moins en moins. Résultat : je ressemble de plus en plus à un gros lokoum[30] qui ne peut intéresser que les Sumotori ou des nuls comme Damien, le copain de Sami qui n'a rien dans la tête.

Bref, maman choisit le pire des moments pour faire sa révolution ! J'aimerais qu'elle m'aide plutôt[31] à passer la zone de turbulences.

2. Le moral à zéro[1]

PISTE 2

Je compte les jours jusqu'aux vacances de Noël.

Je déteste l'automne, le vent et les feuilles mortes. Après le lycée, je ne prends pas le métro tout de suite. Je marche. J'ai le moral à zéro à cause du prof de maths. Tout à l'heure, quand il a donné les copies, il a encore fait une de ses remarques méchantes :

— Loubna, vous attendez quoi pour travailler ?

Je n'ai pas répondu. Je devrais prendre des cours particuliers[2]. Mais je ne peux pas demander à maman. On n'a pas assez d'argent pour ça.

elle aime la nature

Je fais le tour du Parc de la Tête d'Or, qui se trouve à cent mètres du lycée. Je viens souvent ici après les cours ou entre midi et deux. Ici, je me sens bien. Je respire.

5 Les arbres me donnent leur énergie. Plus tard, je n'habiterai pas en ville et encore moins en banlieue, je veux vivre dans la nature. Depuis toujours, je veux devenir scientifique, botaniste,

10 étudier les forêts anciennes en Amérique, en Afrique, en Asie avant qu'elles disparaissent. Il y

Le Parc de la Tête d'or est un des plus grands parcs urbains de France. Il abrite un jardin botanique, un plan d'eau et un zoo.

a encore tellement de choses à découvrir. On connaît seulement 10 % des plantes et des animaux des forêts tropicales. J'ai

15 toujours pensé que c'était ce que je voulais faire. Maman m'a raconté que déjà quand j'étais petite, je passais mon temps à regarder les arbres.

Maintenant que je suis au lycée du Parc, j'ai des doutes. N'ai-je pas été trop ambitieuse[8] ? Peut-être que les rêves ne sont qu'un luxe[4]

20 pour quelques-uns. Ils permettent à tous les autres d'oublier la réalité. Et maman qui veut réaliser son rêve se trompe[5] sûrement.

Je sors du Parc, je traverse le sixième arrondissement, ses magasins luxueux, ses beaux immeubles. Ce monde-là

25 n'est vraiment pas le mien[6].

Plus tard, dans le bus qui me conduit à Oullins, il y a toujours ce garçon bizarre avec ses yeux verts d'extra-terrestre[7]. Pourquoi est-ce qu'il me regarde comme

30 ça ? J'ai peut-être une tête de monstre ! Je prends mon lecteur MP3. La musique de Benjamin Biolay dans les oreilles[8],

Benjamin Biolay, né à Villefranche-sur-Saône, au nord de Lyon, est un chanteur et compositeur très célèbre en France.

14

j'ouvre mon livre de sciences. Le temps passe vite. Quand je descends du bus, au milieu de la foule, une voix me crie :

– Alors, tu fais la tête ?

Je ne la reconnais pas tout de suite, elle continue :

– Allô, la Terre ? 5

Je me retourne. Noémie ! On s'embrasse comme si on ne s'était pas vues depuis cent ans.

– Noé ! Excuse-moi ! J'étais dans les nuages !

– Je vois ça ! Tu étais sur une autre planète !

– Je suis vachement contente de te voir. 10

– Moi aussi ! J'avais pas cours cet après-midi.

– Tu es venue pour moi, alors ?

Noémie rit : c'est une fille toujours très gaie.

– Qu'est-ce que tu crois ? Tu es mon amie. J'ai pas changé,
  moi, et je ne vais pas dans les beaux quartiers ! 15

Je deviens rouge tomate. Je prends Noémie par le cou[9] comme
lorsque[10] nous étions au collège et je l'embrasse encore.

– Tu sais, le lycée du Parc, c'est pas ce que tu crois. Ce n'est
  pas facile !

– Ah, non ! dit Noémie. T'es la meilleure ! Tu ne vas pas 20
  craquer. Je compte sur toi, moi ! Tu vas leur montrer de quoi
  tu es capable[11] !

Noémie a un talent pour me faire rire, avec son visage qui fait
des grimaces. Je me rends compte combien elle me manque
cette année au lycée. Toutes les deux, on rentre à la maison. 25
Mon amie préfère aller chez nous que chez elle où sa mère
traîne toute la journée devant la télé. Mais quand on arrive à
l'appartement, je dis à Noémie :

– Je ne t'ai pas encore tout raconté...

– Quoi ? 30

– Ma mère !

Quand j'ouvre la porte, maman avance vers nous dans des vêtements affreux avec un gros nez rouge, un visage blanc et des gros sourcils[12] noirs. Elle n'est pas drôle du tout. J'ai honte. Elle est ridicule.

— J'essaie des costumes !

5   Avec son maquillage[13], son sourire se transforme en rictus[14] inquiétant. Je ne peux pas m'empêcher de lui répondre :

— Mais ça va pas ? Tu vas faire

10   peur à tout le monde ! Tu viens, Noé ?

Je ferme la porte derrière ma copine.

— Qu'est-ce qui t'arrive, Loubna ?

— Quoi ?

15 — Pourquoi tu parles comme ça à ta mère ?

— T'es aveugle[15] ou quoi, Noé ?

— J'ai bien vu que ta mère… mais pourquoi tu lui parles comme ça ? Ta mère, c'est la plus géniale des mères !

— C'était la plus géniale. Maintenant, elle délire[16]… Imagine-

20   toi qu'elle a décidé de devenir clown !

— Et c'est grave, ça ?

— Arrête, Noé ! Tu vois ma mère en clown ? Elle est pathétique[17] !

— Je te comprends pas Loubna. Elle ne t'a pas demandé de te transformer en clown avec elle ?

25 — Mais ça n'a rien à voir ! Tu dis ça parce que c'est pas ta mère…

— Moi, si ma mère pouvait avoir un rêve, je serais la plus heureuse des filles. Mais ma mère a l'énergie d'une éponge[18]. Elle passe ses journées à ne rien faire… Une mère clown, c'est génial, une vraie chance !

30 Je ne sais plus quoi dire. Tout à coup, entre Noémie et moi, il y a une distance énorme comme si nous n'étions plus dans la même chambre, mais chacune dans deux mondes différents.

Je ne fais rien pour réduire[19] cette distance. Je vois Noémie et c'est comme si elle s'éloignait[20] de plus en plus de moi.

– La Loubna que je connaissais était une fille tolérante. Maintenant que tu es au Parc, même ta mère, tu la regardes de haut. Une mère clown, c'est pas assez bien pour toi, c'est ça ? Et une copine en Bac Pro* l'année prochaine, c'est la honte aussi ? 5

Je ne réagis pas. Noémie part. Je l'entends dire à ma mère :

– Clown, c'est une super idée, Marlène !

– Merci, Noé, tu es très gentille, lui répond ma mère.

Je crois que j'ai perdu Noémie pour toujours. C'est bizarre, ça 10 ne me fait rien. J'ai peut-être un cœur de pierre[21] qui n'aime personne. Insensible.

3. Le monde à l'envers[1]

PISTE 3

Je suis malade. J'ai la tête en feu. La lumière du dehors me brûle les yeux. Le soleil est presque blanc dans le ciel glacé[2]. 15 Quand j'ai réalisé que j'avais raté mon bus, je me suis dit : aujourd'hui, je ne vais pas courir, je ne vais pas écouter les profs, je ne vais pas entendre les autres élèves qui ne parlent pas avec moi pendant la pause. Je vais rester à la maison toute seule. Je commence à en avoir l'habitude. Parfois, je me dis que 20 je vis ici seule.

Aujourd'hui, Sami a un bac blanc*. Il a dit qu'il rentrerait tard parce qu'il va avoir besoin de se défouler[3]. De toute façon, mon

---

* Bac Pro : bac professionnel pour les lycéens des filières technologiques mène à une formation professionnelle supérieure (technicien).
* Bac blanc : pour entraîner les élèves aux épreuves du baccalauréat, les lycées organisent des examens qui reproduisent les conditions de l'examen officiel.

frère a toujours un bon prétexte[4] pour passer le moins de temps possible à la maison. Il dit qu'il travaille au lycée ou chez ses copains. Ou que le directeur de la station-service[5] où il gagne son argent de poche le samedi matin a besoin de lui.

5 Maman vient juste de partir. Elle aussi, en ce moment, elle n'est jamais là et quand elle est à la maison, elle passe son temps sur Internet. Elle cherche des infos sur
10 le métier de clown. Aujourd'hui, elle commence un stage dans un cirque qui s'est installé la semaine dernière à Lyon. Tout à l'heure, elle m'a vite embrassée et m'a lancé :

15 – Désolée, ma chérie. Je dois y aller ! Tu ne veux vraiment pas que j'appelle un médecin ?

J'ai fait non de la tête. Depuis quelques jours, je lui fais la tête. À chaque fois qu'elle essaie de me parler, je lui dis NON,
20 c'est systématique. Mais, là, c'est sûr : je ne veux surtout pas de médecin. Il me demanderait ce que j'ai et je ne serais pas capable de lui dire parce que je ne le sais pas moi-même. Je me sens chamboulée[6] à l'intérieur de moi-même comme si j'étais une maison dans laquelle on aurait changé la place de tous les
25 meubles. J'ai, à la fois, mal partout, et mal nulle part[7].

Hier soir, j'ai regardé maman quand elle préparait ses affaires[8], des chaussures, un sac, un cahier, des stylos, du maquillage. Maman a une énergie folle. Elle dit que c'est à cause de Noël qui arrive bientôt. C'est bizarre, mais, pour son stage, elle avait
30 le trac[9]. J'ai fini par lui donner un conseil :

— Arrête de stresser ! Tu ne passes pas ton bac. Tu vas juste faire le clown.

Maman a sans doute cru que je continuais à m'acharner contre[10] elle. J'ai tout de suite regretté de lui avoir dit ça. J'ai bien vu que j'étais allée trop loin. Je lui ai demandé de m'excuser. Elle a souri. Elle m'a dit :

— J'ai peur. J'ai arrêté l'école il y a vingt ans. À l'époque, je pensais : super, c'est enfin fini ! Et aujourd'hui, je recommence tout depuis le début. C'est dur.

— Tu recommences tout pour ton plaisir, c'est très différent, non ?

— Oui, bien sûr, mais cela ne veut pas dire que j'y vais cool. C'est une nouvelle vie que je commence et je ne veux pas me tromper. Aujourd'hui, je n'ai pas le droit à l'erreur[11]. Je ne suis pas toute seule ! Il y a vous aussi dans ma vie !

— Hum ! j'ai fait.

— Oui, ma fille ! Je ne fais rien sans penser à vous, compris ?

— Oui, compris ! Mais quand même[12], arrête de stresser : tu as de la chance d'apprendre un nouveau métier sans aller à l'école…

— Tu sais, j'en ai discuté avec Zopek…

— Zopek ?

— Le vieux clown du Cirque Polonia. Tu sais, pour apprendre à être clown, c'est important d'avoir un maître[13] comme lui. Mais il m'a parlé des sélections d'entrée de l'école Fratellini*… ou du CNCAC*, le Centre National des Arts du cirque…

— C'est vraiment ce que tu veux ?

— Il me faut un diplôme !

— Mais… l'école Fratellini, c'est pas en banlieue parisienne ? Et le CN…

---

* Anne Fratellini était une artiste clown très célèbre en France.
* CNCAC : est un établissement qui forme les personnes qui travaillent dans le monde du cirque.

– Le CNCAC !

– Oui, c'est où ?

– À Chalons en Champagne !

– Quoi ? À Chalons en Champagne... Mais on ne va quand
5   même pas déménager ? Tu te débrouilles[14], mais, moi, je ne
    quitte pas Lyon.

Elle a continué à faire son sac.

– Je ne comprends pas pourquoi tu fais tout ça... À ton âge...

Maman a levé[15] la tête vers moi.

10 – Tu es charmante !

– Tu n'as plus vingt ans !

– C'est vrai, je suis encore un peu lucide[16]... malgré mon grand âge !

– Et dans tes cours, à l'école Fratellini ou au CNCAC, ça ne te
    dérange[17] pas d'être avec des jeunes de vingt ans... ?

15 – D'abord, je ne suis pas du tout certaine que ces écoles me
    prennent. Ensuite, si elles m'acceptent, ça me fera sûrement
    bizarre d'être avec des jeunes de l'âge de mes enfants ! Ils
    penseront peut-être comme toi que je suis une vieille qui
    ferait mieux de rester dans sa cuisine ou dans son usine !

20   Peut-être pas... Un clown n'a pas d'âge, non ? Et peut-être
    même que les gens préfèrent les vieux clowns... Trêve de
    plaisanterie[18] ! Je n'en suis pas encore là ! J'ai du travail
    devant moi !

Sami est rentré à la maison à ce
25 moment-là.

– Tiens ! Un revenant ! j'ai fait.

Il sentait[19] la bière. J'ai dit :

– T'as bu ?

– Un panaché[20], c'est pas ce que
30 j'appelle boire ! il a répondu.

Maman n'a pas réagi. Sami s'est
posé dans la cuisine. Il a commencé

à se faire un sandwich énorme au fromage.

— Tu nous attends pas pour manger ? je lui ai demandé.

— Non, je repars.

Je pensais que maman allait lui dire un truc comme « Non, ce soir, tu restes avec nous ! ». Mais elle n'a pas ouvert la bouche. Je ne comprends pas pourquoi elle laisse Sami tout faire. Elle ne voit pas qu'il est en train de mal tourner[21], qu'il passe plus de temps au café qu'au lycée. Alors, j'ai eu envie de le provoquer[22], je lui ai dit :

— Maman t'a annoncé qu'on allait déménager ?

— Loubna ! a protesté maman.

— Qu'est-ce que cette idée ? a fait Sami.

— On ne va pas déménager tout de suite. Mais dans un an ou deux peut-être... Si une école de cirque m'accepte !

— Déménager ? Je ne peux pas. Avec les copains, on a notre groupe. Mais, d'ici un an ou deux, j'aurai peut-être mon propre appartement...

— Tu peux toujours rêver, j'ai rigolé. Tu n'es que le « manager » ! Ils peuvent toujours te remplacer.

— Et toi, tu es indispensable[23] à qui ? a crié mon frère très en colère contre moi.

— À personne. Tu le sais bien, non ?

J'ai quitté la cuisine et je me suis enfermée[24] dans ma chambre. J'ai essayé de faire mes maths. Bien sûr, je n'ai pas réussi. Mon frère a l'art d'empoisonner[25] mon existence. Normal, son signe astrologique, c'est scorpion !

Depuis que maman a décidé de devenir clown, mes relations avec Sami sont électriques. On ne peut pas s'empêcher de se disputer. Lui est toujours du côté de maman. Il répète qu'elle est libre de faire ce qu'elle veut et quand elle le veut. En réalité, le projet de maman ne l'intéresse pas. Il ne pense qu'à lui. Il veut surtout qu'elle le laisse sortir aussi souvent qu'il en a envie. Il se croit seul au monde et, surtout, il déteste participer à la vie de la maison. Quand il passe l'aspirateur, c'est un événement.

5 Avant, les défauts[26] de mon frère me faisaient presque rire. Aujourd'hui, je ne les supporte plus. Il m'arrive la même chose avec maman. Elle fait des trucs qu'elle ne faisait jamais avant. Elle ne s'habillait pas en rouge. Elle ne se maquillait pas. C'est comme si, tout à coup, elle adorait se

10 faire remarquer et ça m'énerve ! Pour son stage, elle est allée directement voir le directeur du Cirque Polonia. Le pire, c'est que ça a marché. Maman croit vraiment à son rêve et ça lui donne des ailes[27]. On dirait même qu'elle a rajeuni[28]. Bientôt, on la prendra pour ma sœur. Je me demande si

15 elle n'a pas réellement perdu les pédales. C'est bizarre, j'ai l'impression d'être devenue la mère de ma mère. Cette idée me tue. Je voudrais dormir longtemps et me réveiller bien plus tard, arriver directement au moment où maman aura repris sa vie normale, sa vie d'avant, ou bien revenir dans le

20 passé et empêcher maman de disjoncter.
Je ferme les yeux. J'écoute Dominique A et je m'endors.

Je ne sais pas si le temps a passé. On sonne à la porte. Je n'attends personne et personne ne sait que je suis là à la

25 maison. J'entends crier :
– Loubna, s'il te plaît, ouvre-moi ! C'est moi, Mona !

Mona. Il ne manquait plus qu'elle. Je me lève. Je me traîne jusqu'à la porte.

30 Je regarde par le judas[29]. Je vois la fille avec ses grosses lunettes marron, ses

dents de lapin et son visage blanc d'infirme[30]. J'ouvre.

– Comment tu savais que j'étais là ?

– Ça va, merci pour l'accueil !

– Excuse ! Bonjour Mona !

Je l'embrasse. Elle n'habite pas très loin dans une maison avec   5
jardin où elle ne joue jamais. En général, elle reste derrière la
fenêtre d'une pièce qui donne sur la rue où elle regarde les gens
passer.

– T'es encore en pyjama ?

– Je dormais. Et toi, t'es pas à l'école ?   10

– Tu sais bien qu'ils ne veulent plus de moi. Je suis trop handicapée[31].

La petite fille regarde dans l'appartement.

– Je peux entrer ?

– Qu'est-ce que tu veux ?

– Je voudrais te parler…   15

– Là, maintenant ? D'accord, c'est bon, entre !

Je ferme la porte.

– Qu'est-ce que tu veux me dire ?

– On va pas rester dans l'entrée quand même ! On va dans ta
chambre ?   20

– D'accord, je souffle[32].

J'emmène Mona dans ma chambre.

– C'est beau ! On voit que ta mère est une artiste !

– Ma mère, une artiste ? T'es venue pour me parler déco ?

– Non, je voudrais que tu m'écrives une lettre.   25

– Une lettre ? Tu sais pas écrire ?

– Tu parles ! Bien sûr que je sais écrire, mais je veux écrire au
Président de la République et c'est pas facile !

Je ne peux pas m'empêcher de rigoler :

– Tu veux écrire au Président de la République ?   30

Mona fait comme si elle n'avait pas remarqué que je me moque
d'elle.

— Je veux lui raconter comment ça se passe dans les cantines des écoles. Tu trouves que c'est normal que les repas soient si mauvais. Et le bio ? On va attendre combien de temps ?

— Tu crois que ça intéresse le président ?

5 — Bien sûr ! C'est quand même son travail de faire des choses pour la vie des gens. Les enfants sont bien des gens comme les autres, non ?

Mona a un air si sérieux qu'on ne voit presque plus qu'elle n'est pas comme tout le monde. Le corps de travers[33] et le cerveau[34]

10 qui marche au ralenti[35].

— Si, bien sûr. Mais toi pourquoi tu fais ça ? T'y vas même plus à l'école ?

— Et alors ? J'ai pas le droit de m'y intéresser ?

— Pourquoi tu n'écris pas une lettre pour qu'on t'accepte dans

15 une école ?

— Je ne suis pas le centre du monde. J'ai envie d'être utile pour les autres. Tu vois, il y a un métier que je trouve super, c'est avocat. Avocat pour enfants. Je ne vais pas attendre d'être grande pour défendre ceux qui en ont besoin. J'ai décidé de

20 commencer aujourd'hui. Alors, tu m'aides ou pas ?

C'est le monde à l'envers. La petite handicapée a décidé de défendre ses copains valides[36] qui mangent mal à la cantine. Et quand le monde tourne à l'envers, il ne faut pas essayer de le faire tourner dans la bonne direction.

25 — D'accord !

J'allume l'ordinateur.

— Au fait, comment tu savais que j'étais à la maison ?

— C'est Marlène. Ta mère m'a dit d'aller te voir, que tu m'aiderais sûrement. Une fois, elle m'a dit que tu avais un cœur d'or[37] !

30 Je clique sur *Nouveau document*.

— Elle avait raison, Marlène. Tu as un cœur d'or.

— Ah, bon, elle t'a dit ça ?

— Oui, quand elle m'a emmenée au Cirque Polonia.
— Quoi ? Maman t'a emmenée au cirque ?
— Ben ouais, ta mère aussi a un cœur d'or !*

4. Le hasard¹ fait bien les choses

PISTE 4

Dans le métro, je regarde le dossier que la prof de français, 5
madame Szac, m'a donné tout à l'heure avec le cours que j'ai
manqué hier. C'est sympa. Elle n'était pas obligée. Elle aurait
pu me le laisser photocopier moi-même. Je ne suis pas une
de ses meilleures élèves, ni la plus intéressée par le français.
J'aime les maths et les sciences. 10

J'ouvre le dossier et je crois rêver quand je découvre le
sujet que nous étudions en classe. Le clown. C'est une
mauvaise blague² ? Pourquoi ce sujet-là ? Et pourquoi pas
le romantisme, Maupassant ou Le Clézio ?
Le premier texte est un poème d'Henri Michaux*, *Clown*. 15

---

* Avoir un cœur d'or : être bon et généreux.
* Henri Michaux : poète belge de langue française, a écrit « Le clown », un de ses plus célèbres
poèmes.

> Un jour,
> un jour, bientôt peut-être.
> Un jour j'arracherai l'ancre[3] qui tient mon navire[4]
> loin des mers.
> Avec la sorte de courage qu'il faut pour être rien
> et rien que rien
> (...)
> extrait de « Clown », d'Henri Michaux

Je lis le poème plusieurs fois. C'est un texte difficile. Je ne comprends pas tout. Mais il me touche et la musique des mots me plaît. Je souligne les mots : *humilité, identité, importance, nul*. J'ai l'impression que Michaux l'a écrit pour moi, pour ma mère. Il

5 me semble que le poète parle de cette possibilité qui existe pour chacun d'entre nous d'être exactement soi-même. Je suis émue. Je lis les commentaires de la prof à côté du texte :

« *Michaud refuse le conformisme – Le clown, un symbole – S'il accepte de devenir clown, l'homme se débarrasse de sa*

10 *prétention[5]* ».

Le métro s'arrête à *Perrache**. Je range mes affaires et je descends. Je monte les marches quatre à quatre. Le bus part dans deux minutes. J'ai la tête ailleurs. En haut, je rate la dernière marche et je tombe par terre. Mes cahiers, mes livres

15 sont sortis de mon sac. La plupart des gens continuent leur chemin. Ils veulent rentrer chez eux et plus rien ne compte que cela après une journée de travail. Quelqu'un marche sur le poème de Michaux. Une seule personne m'aide à me lever et à

---

* Perrache : l'une des principales stations de métro lyonnais qui permet la correspondance avec la gare SNCF et la gare routière.

ramasser[6] mes affaires. C'est le garçon du bus ! Mon cœur va vite tout à coup. Je sens mes joues[7] devenir rouges et chaudes.

— Merci ! je dis d'une voix qu'on entend presque pas.

De près, le garçon n'est pas laid[8]. Ses yeux ont une jolie couleur verte. Il a même un sourire craquant[9]. C'est comme si je le voyais pour la première fois. Il a le poème de Michaux dans ses mains.

— J'adore ! il fait. *Un jour, Un jour, bientôt peut-être…*

Sa voix chante un peu quand il dit le poème. Le garçon a l'air sincère. Mais je reste muette[10] comme une carpe[11].

— Moi, c'est Ludovic. Et toi ?

Je vois le bus qui vient de s'arrêter. Je dis seulement :

— Le bus !

Et je cours très vite vers le 63. La porte du bus se ferme derrière moi et je réalise que le garçon ne m'a pas suivie. Je le vois là-bas, il me regarde avec le poème de Michaux dans la main. Je me sens vraiment ridicule. Je ne sais pas ce qui s'est passé dans ma tête pour partir comme ça, tout à coup, et le laisser sans même répondre à sa question. En plus, maintenant, il me manque un texte dans mon dossier. Je regarderai sur Internet si je peux le trouver. Qu'est-ce qui m'arrive ?

Pour une fois, je regarde le paysage de l'autre côté de la vitre[12], la Saône*, les péniches[13]. J'essaie de ne penser à rien et ça

---

* **La Saône** est une grande rivière de l'Est de la France.

ne marche pas trop. Le garçon du 63 n'a finalement pas une gueule[14] d'extra-terrestre, mais il n'est vraiment pas comme les autres garçons.

— T'as un problème, Loubna ? me dit quelqu'un, plus tard, alors
que j'arrive près de chez moi.

C'est Mona qui passe une tête par la fenêtre.

— Non, ça va !

— Parce que t'es rouge comme une tomate !

— Dans le bus, il fait trop chaud !

Je mens[15] comme je respire. Je lui demande pour changer de sujet :

— T'as envoyé ta lettre ?

— Oui, j'ai même mis trois beaux timbres[16] sur l'enveloppe.

Mona sourit. Je vois toutes ses dents, et pas seulement ses dents de lapin. Pour une fois, je trouve qu'elle fait juste son âge. Neuf ans. D'habitude, j'ai toujours l'impression qu'elle est plus vieille et j'oublie qu'elle est une enfant.

— Super ! je fais.

— Dis, Marlène, elle est géniale comme clown. Elle m'a fait un spectacle pour tester son numéro avec moi !

Je me demande pourquoi maman s'intéresse à Mona, pourquoi elle s'occupe d'elle tout à coup alors qu'elle nous oublie un peu, Sami et moi, en ce moment.

— Super ! je répète et, cette fois, je pense ce que je dis.

— Ta mère, elle est drôle et… émouvante !

Où Mona a-t-elle appris ce mot « émouvante » ? Ce n'est pas un mot que disent les filles de son âge !

Le projet de ma mère n'est pas si nul que ça s'il fait pétiller les yeux de Mona. Et ça me fait penser au *Clown* de Michaux. Quand je rentre, j'allume l'ordinateur. Je trouve le poème sur Internet et je l'imprime[17] deux fois. J'en pose un sur le lit de maman qui n'est pas là et qui rentrera tard. Je ne sais pas ce que fait Sami.

Maman a dit de ne pas s'inquiéter pour lui, qu'elle va l'appeler sur son portable. Je crois qu'elle ne se rend pas compte qu'il fait n'importe[18] quoi en ce moment. Hier, quand il est rentré, il ne marchait pas droit et il était très excité. Maman lui a juste recommandé[19] de faire attention à ce qu'il consommait, qu'il pouvait avoir des problèmes. Je ne crois pas que ce joli discours influencera Sami. 5

Plus tard, dans mon lit, je pense au garçon du bus 63. Ludovic. Le garçon aux yeux verts aime les poèmes. Je me dis que tout ce qui s'est passé aujourd'hui est une suite[20] d'événements 10 incroyables[21]. D'abord, le clown, sujet du cours de français. Puis, le garçon du 63 qui m'aide et qui me dit qu'il aime beaucoup le poème de Michaux. Est-ce le hasard[2]? En tout cas, je sens instinctivement qu'il fait bien les choses et que tout ce qui s'est passé aujourd'hui est le début d'un nouveau chapitre de ma vie. 15

5. Et si on se parlait ?

PISTE 5

Le lendemain, quand je vais vers la station de bus, j'ai le cœur qui s'affole[1]. Toute la journée, je n'ai pensé qu'à Ludovic. Je le cherche des yeux dans la foule qui va et vient entre le bus, le métro 20 et la gare de *Perrache*. Je regarde partout. Il n'est pas là. Je finis par aller m'asseoir pour attendre le 63. En face de moi, mais je ne le vois pas car il est de dos, un musicien joue du violoncelle. Le son[2] de cet instrument me touche 25 particulièrement[3]. Je regarde le musicien jouer et je me sens devenir écarlate[4]. C'est Ludovic qui joue et qui me regarde maintenant.

– Ça te plaît ? il fait.

Je souris.

– Et si on se parlait ? il me demande.

5 Je me lève.

– Tu ne vas pas partir encore une fois ?

Il me donne la feuille avec le poème de Michaux.

– Tu as oublié ça, hier !

Le bus arrive devant l'arrêt. Des

10 gens se dépêchent de monter dans
le 63. Dans la foule, je ne vois
plus Ludovic. J'hésite à suivre
les gens dans le bus. Finalement,
je reste là. J'entends à nouveau[5]

15 le violoncelle. Quand le bus
disparaît, je vois le garçon et son
instrument. Nous sommes seuls
maintenant.

– C'est un morceau de Bach.

20 – C'est beau. Mais, moi, je n'y
connais rien à la musique.

Musicien et compositeur allemand,
Johann Sebastian Bach personnifie
l'apogée de l'époque baroque.

– Tu as pourtant toujours des écouteurs dans les oreilles…

– J'écoute des chansons, Dominique A, Benjamin Biolay, Da
Silva, Bashung, La Grande Sophie, Rose, Miossec…

25 – De la musique de vieux, quoi ! il rigole. En général, les jeunes
de notre âge écoutent plutôt des trucs comme Lady Gaga ou
Black Eyed Peas.

– Quel cliché !

– Je t'invite au café ? il demande.

30 – Bof ! Les cafés…

– Au fait, tu ne m'as pas dit comment tu t'appelles. C'est un
secret ?

— Non, je m'appelle Loubna.

Il a rangé son violoncelle et il se tourne vers moi.

— Et si on rentrait à pied ? Par les quais de Saône, c'est sympa.

— Ouais, pourquoi pas ?

On se retrouve à marcher ensemble. On n'est pas très bavards.   5

À un moment, il me demande quand même :

— C'est joli Loubna comme prénom. C'est marocain, non ?

— Oui. Comment tu le sais ?

— Ma voisine est marocaine. Elle s'appelle Loubna comme toi
   et j'adore ses tajines*.   10

— Mon père est marocain, mais je ne l'ai jamais vraiment
   connu. Comme ma mère est lyonnaise… Nous, on est plus
   quenelles*… que tajines.

Après *Perrache*, on passe sous le pont et on marche longtemps
le long de la Saône jusqu'à ce que la rivière[6] se jette dans le   15
Rhône. Ludovic m'explique que sa passion, c'est d'écouter les
sons, les bruits, la musique. Plus tard, il espère en faire son
métier. D'ici là, il est en Terminale S au Conservatoire. C'est
une tête, ce garçon, quoi ! Avec lui, je me sens bien. Je lui
raconte le lycée du Parc, ce grand écart[7] que je fais entre mon   20
collège d'Oullins et ce grand lycée où je me sens si nulle.

— Et après, tu veux faire quoi ? il me demande.

— Botaniste ! J'aimerais travailler en forêt !

Ludovic regarde autour de[8] nous. Ici, au sud de Lyon, il y a plus
d'immeubles et d'usines que d'arbres.   25

— Moi, la ville, ça m'étouffe[9], je lui dis. J'ai des plantes sur le
   balcon, mais ça ne me suffit pas !

Et à ce moment-là, ses yeux verts me regardent d'une telle

* Tajine : plat typique de l'Afrique du nord.
* Quenelle : spécialité culinaire lyonnaise.

façon que ça me trouble. Lui aussi, je vois bien qu'il est troublé. Alors, on continue de marcher et on ne se parle plus jusqu'à la maison où il me dit tout bas :

— Je me suis longtemps demandé ce que je devais faire pour que tu me remarques dans le bus.

Il se tait un moment, regarde de l'autre côté de la rue puis continue :

— J'ai tout imaginé. Jongler avec des couteaux, traverser la Saône sur un fil[10], faire le tour de la *place Bellecour* sur les mains, mettre une photo de toi tout en haut de la *tour de la Part-Dieu* ?

— Tu n'es pas un peu fou ? je ne peux pas m'empêcher de lui dire et de rire en même temps.

— Peut-être, mais je sens qu'avec toi... Comment dire ? Il faut savoir écouter nos émotions... comme là...

Ludovic s'avance vers moi. Je le laisse faire. Il pose un baiser[11] sur ma bouche et s'en va sans un mot. Je le regarde partir, son violoncelle sur le dos. Je me demande de quelle planète peut bien venir ce garçon.

Quand je rentre, maman est là, dans la salle à manger, au milieu des cartons.

— Ça va ? elle me demande.

Je sens encore la marque des lèvres de Ludovic sur ma bouche et je me sens étourdie[12].

— Oui, oui, je fais.

— Il est très beau le poème que tu as laissé sur mon lit ! Merci beaucoup !

— De rien !

— Loubna, tu es vraiment toute pâle !

— Ça va, je te dis ! Tu ne devais pas rentrer plus tard ?

— Non, cet après-midi, je suis libre...

— Qu'est-ce que tu fais avec tout ce bazar ?

— Je me fais un costume de clown. Tu m'aides ?

— Moi, les nez rouges, c'est pas trop mon truc.

— Justement, j'ai réfléchi : je veux être un clown sans nez rouge, qui me ressemble. Et toi, tu me connais bien...

6. Un mercredi à Saint-Jean

PISTE 6

— Pour ceux que ça intéresse, j'ai fait une photocopie du devoir de mademoiselle Messidi ! dit Madame Szac.

La prof de français l'agite devant les élèves. J'ai eu 16 à mon commentaire composé sur le poème de Michaux, ma meilleure note depuis je suis au lycée du Parc. Madame Szac vient de lire mon devoir à toute la classe. Je suis tellement contente que j'ai envie de crier, de courir. Ce 16, c'est grâce à Ludo. On a beaucoup discuté ensemble et ça m'a fait réfléchir sur ce que voulait dire le poète dans ce texte.

Midi. Aujourd'hui, comme c'est mercredi, c'est l'heure de la fin des cours. Je regarde dehors : c'est une belle journée d'hiver. Je vais aller manger mon sandwich au parc de la Tête d'Or. Plus tard, j'ai rendez-vous avec Ludo.

Je quitte le lycée quand une fille m'appelle :

— Super, ton commentaire composé !

— Merci.

— Bravo ! ajoute un garçon à côté d'elle.

Je ne sais pas s'ils sont sincères, mais j'ai l'impression de ne plus être transparente tout à coup. Petit à petit, je me fais une place dans ce lycée. Mes notes ne sont pas toutes encore géniales, mais j'existe, j'ose lever la main quand j'ai une question. J'ai toujours peur d'avoir l'air d'une imbécile, mais je le fais.

Avec Ludo, je n'ai jamais cette impression. Il a cette grande qualité de savoir écouter. Surtout, Ludo m'aime. Il me l'a déjà dit.

– Je t'aime, Loubna.

J'ai ouvert les yeux très grand comme si je venais de voir une armée de petits hommes verts sortir de leur soucoupe volante[3]. Puis, j'ai commencé à trembler comme une feuille. Moi, je ne
5 sais pas si je suis amoureuse de lui. C'est quoi, d'abord, la différence entre l'amour et l'amitié ? Ce qui est sûr c'est que je m'entends bien avec lui ! Mieux encore qu'avec Noémie quand nous étions les meilleures amies du monde.

Je sors du métro *place Saint-Jean**. Je me dépêche d'aller au
10 conservatoire. Le quatuor[4] de Ludo donne un petit concert. Je découvre que les trois autres musiciens sont des filles et je sens tout de suite que cela ne me plaît pas trop de le voir jouer avec elles. Alors, à la fin du concert, je n'ai qu'une envie : le retrouver dehors en tête à tête.
15 On marche tous les deux dans les rues du *Vieux Lyon*. Je ne pense à rien d'autre qu'à ce moment avec lui. Dans le ciel bleu, le soleil est un peu mou[5], mais il donne une belle lumière à toute la ville autour de nous.

Le Vieux Lyon est le quartier médiéval de Lyon. Il a été conservé encore intact depuis la période médiévale.

* Place Saint-Jean : c'est la place principale du Vieux Lyon. On s'y donne rendez-vous pour sortir.

On s'assied devant la *cathédrale Saint-Jean* où des groupes de touristes se prennent en photo. On fait comme eux. Puis Ludo m'embrasse et je l'embrasse aussi. Notre premier vrai baiser. Un baiser comme au cinéma. Nous sommes seuls au monde jusqu'à ce qu'une bande de clowns arrive sur la *place Saint-Jean*. Parmi eux, 5 je reconnais maman, son pantalon aux étoiles argentées[6], son boa rose fluo, ses couettes[7] violettes, ses chaussures à grands talons[8].
— Des clowns ! C'est un signe[9] !
— Quel signe ? je demande.
— *Clown*, le poème de Michaux, c'est un peu grâce à lui que 10 nous sommes ensemble… et puis, tu sais, pour moi, les clowns, c'est très important !
— Tu as passé l'âge pourtant.
— Il n'y a pas d'âge pour aimer les clowns. On va les voir ?
Je ne bouge pas. Ludo m'en demande trop. Je ne suis pas encore 15 prête à aller voir ma mère dans son costume.
— Tu as peur des clowns ?
— Non, pas du tout, mais…
Je lis de l'incompréhension dans les yeux de Ludo et peut-être même de l'inquiétude[10]. 20
— Je vais te dire pourquoi les clowns sont si importants pour moi…
Ludo me prend les deux mains comme s'il avait besoin de mon énergie pour me dire ce qu'il a à me dire.
— Il y a deux ans, j'ai été très malade. Je suis resté huit mois à l'hôpital. C'était terrible. Si j'ai pu supporter ça, c'est 25 grâce à une femme clown, Séraphine. Elle m'a fait beaucoup rire. Mais, tu vois, un clown, c'est beaucoup plus qu'un être ridicule, c'est quelqu'un qui t'apprend à te moquer de toi-même. Séraphine m'a permis de me moquer de ma maladie et d'être plus fort qu'elle. Depuis, j'admire les clowns ! Ils 30 sont pour moi comme des porte-bonheur.
Ludo parle avec une voix grave. Lui qui sait écouter est devenu

bavard tout à coup.

— Ce que j'aime chez les clowns, c'est qu'ils offrent de l'amour aux
gens. Un grand clown n'est jamais égoïste. Il est généreux.

Je prends mon copain par le bras et je l'emmène vers les clowns.

5 Les gens sourient. Ludo aussi. Je fais toute une gymnastique avec
mes yeux pour observer maman sans que cela ne se remarque
trop. Je ne sais pas si elle me voit. Au début, je ne ris pas trop. Je
dois manquer d'humour. C'est vraiment bizarre de voir sa mère
qui fait le clown au milieu de la *place Saint-Jean* et d'être avec un

10 garçon aux yeux verts, qui joue du violoncelle, qui lit des poésies,
qui aime les clowns et que j'ai, maintenant, tout à coup, très envie
d'embrasser. Ludo doit le sentir, il me regarde. Il me dévisage[11]
même. J'approche[12] mes lèvres de son visage quand il me dit :

— C'est ta mère, le clown avec des couettes, c'est ça ? me dit

15 Ludo qui plante ses yeux dans les miens.

Je fais trois pas en arrière[13].

— Comment t'as deviné[14] ? je demande.

— Facile. Vous vous ressemblez tellement ! Vous avez le même
regard bleu perçant[15].

20 Quand j'avais six ans, j'adorais qu'on me dise que j'étais tout le
portrait de ma maman. Depuis, je ne nous trouve aucun point
commun[16]. Et surtout pas maintenant.

— Moi aussi, j'ai l'air d'un clown, alors ? C'est à cause de la
scène de l'escalator ?

25 — C'est vrai que c'était drôle !

Je suis vexée[17]. Je n'ai jamais rêvé de faire rire les autres.

— Tu n'as pas à avoir honte !

— Dis-moi la vérité ? Comme tu as fait pour savoir ?

— Je t'ai juste écoutée.

30 Et je me demande ce qu'il a entendu car je crois n'avoir rien dit.
Je me souviens que Ludo m'a dit qu'en musique, on doit aussi
écouter les silences.

1. Le psychologue

PISTE 7

Le médecin n'a pas encore dit un mot. J'ai tout de suite vu que
c'était un psy, à cause de son air cool et rebelle, le genre[1] de mec
qui se prend la tête[2]. Et, moi, s'il y a une chose que je refuse
aujourd'hui plus que jamais, c'est de me prendre la tête.   5
Quand je l'ai vu arriver, j'ai quitté mon lit sans réfléchir. Je ne
sais pas vraiment pourquoi car j'étais mieux dans mon lit que
sur cette chaise. Au moins, on ne voyait pas cette robe d'hôpital
qu'ils m'ont mise et dans laquelle je me sens ridicule ! Je
regrette de ne pas m'être changé. Même moi, je me fais peur.   10
J'ai l'air d'un mec bizarre, dérangé[3], un serial-killer. Faut dire
je ne suis pas dans n'importe quel service de l'hôpital : je suis
en psychiatrie et je ne comprends pas ce que j'y fais.

— Qu'est-ce qui vous est arrivé ? me demande enfin le psy.

— Vous devez le savoir, non ? je réponds.

— Je voudrais vous entendre, vous.

— Avec les copains, on s'est amusés et j'ai un peu trop bu de
5 vodka.

— Vous buvez souvent de l'alcool ?

— J'ai le droit ! J'ai 18 ans.

— Répondez à ma question, s'il vous plaît. Est-ce que vous
buvez souvent de l'alcool ?

10 Je hausse les épaules[4].

— Bof ! Pas trop.

— C'est quoi pas trop ?

Tout à l'heure, j'ai dû me lever de mon lit un peu vite car j'ai
mal à la tête et je vois comme des étoiles devant moi. Je n'ai pas
15 non plus fait attention à mon bras à l'étroit[5] dans son plâtre[6].
À présent, j'ai mal comme si quelqu'un me coupait les os[7].

— Sami, vous étiez en coma éthylique. Vous savez ce que c'est ?

Dans ma tête, c'est le trou[8] noir. Je ne me souviens de rien. Un
31 décembre, je ne sais même plus où. Je ne sais même plus
20 chez qui. Je ne sais même plus avec qui. L'infirmière m'a dit
qu'il n'était même pas encore 23 heures quand on m'a emmené
à l'hôpital. Elle m'a dit aussi que j'avais eu de la chance. Avec
deux grammes d'alcool dans le sang[9], j'ai pris des gros risques.
Finalement, je me suis seulement cassé le bras.
25 — Vos leçons de morale… Je m'en fous.

— Je ne suis pas là pour ça ! Si votre copine n'avait pas réagi,
vous ne seriez peut-être pas là.

Je ne réponds pas. Je regarde un point dans la pièce pour ne
pas croiser[10] les yeux du psy. Je ne sais pas de quoi il parle. Je
30 n'ai jamais de copine. Je sors avec des filles qui savent qu'avec
moi, elles n'ont rien d'autre à attendre qu'une histoire d'un soir.

– Elle a été courageuse ! Elle est restée avec vous jusqu'au bout. Vous savez quelqu'un qui fait un coma éthylique, ça vomit[11], ça urine... C'est impressionnant.

– Ça va ! Je sais pas de quoi vous parlez, j'ai pas de copine.

– Et vos parents...

– J'ai seulement une mère et c'est pas son problème ! D'ailleurs, j'ai pas de problème. Je me suis amusé, j'ai un peu trop bu, c'est tout. Je ne suis pas un alcoolique, seulement un jeune qui a voulu s'éclater.

– C'est ce que vous appelez « se mettre minable[12] » !

– On a le droit de s'amuser quand même !

Je retourne dans mon lit. Fin de la discussion.

– Je sors quand ? je fais quand la porte s'ouvre avec un drôle d'énergumène[13] derrière.

Une tête de clown, des couettes de fille, un pantalon plein d'étoiles argentées. Je reconnais ma mère. De nous deux, je me demande lequel fait le plus peur : moi avec ma tête de serial-killer ou elle avec son maquillage qui a coulé. Le psy pourrait prendre ma mère pour un de ses patients.

– Je peux entrer ? elle demande quand elle voit le médecin, mais sans attendre qu'il réponde.

Le psy allait partir. Il n'a pas le temps de réagir. Elle est déjà là tout près de moi. Elle me semble bien plus haute que d'habitude comme si elle avait grandi[14].

– C'est ma mère ! je fais au psy pour qu'il la laisse tranquille[15], aussi bien que pour me convaincre moi-même.

– Justement, je voulais vous voir... dit le médecin, la main sur la porte.

– Tout de suite ?

On voit à la tête que fait le psy qu'il n'est pas de ceux qui ont l'habitude d'attendre.

– Je vous attends dehors.

— J'arrive, le temps de dire deux mots à mon fils !

Quand la porte est fermée, maman me serre[16] dans ses bras, très fort. Elle a une force terrible. Une force d'homme. Puis elle me dévisage et, là, je ne vois que ses yeux sur moi, je ne vois plus ni le maquillage, ni le clown.

— Plus jamais ça, elle dit, avec une voix qui vient du plus profond d'elle-même.

Maman est en colère contre moi. Une colère froide.

— C'est la dernière fois, tu m'entends ? Tu as une mère qui t'aime, une sœur qui t'aime aussi. Tu n'as pas le droit de te mettre en danger. Tu es formidable[17]. Ton seul problème, c'est que tu ne le sais pas. Maintenant, tu restes là ! Je vais voir le médecin.

Je la regarde partir et je découvre ses chaussures qui sont comme de petites échasses[18]. Je comprends enfin pourquoi elle avait l'air d'être si grande. Sur chacune de ses chaussures, une toute petite éolienne[19] s'agite quand elle fait un pas. J'ai l'impression qu'on a changé de rôles. Comme si j'avais cent ans et que ma mère était redevenue une enfant. Et, là, je m'endors, crevé.

2. Mon ange[1] s'appelle Zoé

PISTE 8

Elle est vraiment jolie, une brindille[2] blonde avec des yeux couleur miel[3] et des doigts très longs qui tiennent un bouquet de fleurs. Je remarque tout de suite sa bouche, parfaite[4], les lèvres ni trop minces, ni trop épaisses[5]. Les trente premières secondes, elle ne dit rien. Moi, je la regarde. Elle est comme une apparition[6] dans cette chambre d'hôpital. Elle a dû se tromper. Elle croyait sûrement trouver une mère, une grand-mère. Mais c'est moi qu'elle a trouvé. Dans quelques secondes, elle va repartir. Pourtant, elle ne s'en va pas. Elle pose les fleurs sur la table. Puis, elle se lave les mains dans la salle de bains et s'assied au bord du lit. Elle parle enfin :

— Tu as meilleure mine, Sami. Hier, tu dormais, mais on voyait bien que tu n'allais pas bien.

Elle me sourit. On dirait un ange. Qui est cette fille ? Que fait-elle ici ? Je n'ose pas le lui demander. Je me sens, tout à coup, timide alors que je ne le suis pas. Est-ce que je délire ? Est-ce que je suis devenu fou ?

— Tu ne me reconnais pas ? elle me demande.

Cette fille est la plus belle personne que je n'ai jamais vue. Je crois l'avoir déjà croisée.

— Les médecins m'ont dit qu'il était possible que tu aies des amnésies…

Tout à coup, je me souviens.

— Zoé ! je fais. Tu es la cousine de Damien, c'est ça ?

Je cherche dans ma mémoire[7]. J'hésite :

— On est sortis ensemble… c'est ça ?

Son visage devient rouge maintenant.

— Non… Tu as préféré boire toute la soirée. Je me souviens maintenant. Le 31 décembre chez Damien. Quand sa cousine est arrivée, j'ai pensé que cette fille était trop belle pour moi.

— Est-ce que c'est toi qui m'as amené[8] ici ?

— Oui.

— Pourquoi ?

— J'étais la seule qui n'avait pas bu ! elle dit comme si elle voulait s'excuser.

J'ai honte comme je n'ai jamais eu honte dans toute ma vie. La vérité est terrible : je me suis mis minable devant cette fille.

Elle m'a vu en train de boire, de dire n'importe quoi, de tomber, de perdre connaissance[9], de vomir. J'aimerais ne plus être là. Je voudrais me cacher sous le lit.

— Je suis désolé, je fais.

5 — Moi aussi, je suis désolée. J'aurais dû t'arrêter avant… Je ne suis pas fière de moi ! J'ai eu si peur.

Zoé se lève et vient m'embrasser sur les joues. Ses lèvres parfaites sont douces[10] et chaudes. Elle pose son regard miel sur moi.

— Je dois y aller ! elle fait.

10 Je la regarde partir, sans un mot. Je me sens vide.

3. Blues à l'hôpital

PISTE 9

Je suis seul dans ma chambre, mais je ne sais pas si j'en ai vraiment envie. Je regarde dans la cour de l'hôpital les blouses blanches, les ambulances, les gens, le bâtiment d'en face, ultra 15 moderne, en bois[1] et en acier[2]. Je m'ennuie, mais je ne sais pas ce que je voudrais faire si j'étais ailleurs. Aujourd'hui, j'ai même oublié de demander au médecin quand est-ce que je vais sortir. Je m'en fous maintenant. Ici ou ailleurs, c'est pareil, sauf qu'ici, ça ressemble à une prison. Damien m'a envoyé un SMS de trois 20 mots : Slt sa va ? Aucun de mes potes[3] n'est encore venu. Et je ne crois pas que ça me ferait plaisir de les voir. Je me sens dans la peau d'un boxeur sonné[4] sur le ring.

Tout à l'heure, quand elle est venue me voir, maman m'a secoué[5]. Elle ne supporte pas de me voir dans ce lit d'hôpital. 25 Elle m'a dit :

— Tu as touché le fond[6]. Maintenant, il ne te reste plus qu'à remonter.

Facile à dire.

J'ai l'impression qu'un bulldozer est passé sur ma tête.

Je n'ai pas demandé à maman comme se passait sa formation de clown. Au début, clown, je trouvais ça sympa comme job. C'est toujours mieux que d'aller à l'usine. J'ai adoré quand maman a parlé de faire une révolution. 5

Maintenant, je crois que je n'avais pas bien réalisé que cela signifierait pour nous. Je n'avais pas compris que si maman changeait sa vie, elle transformait forcément[7] la nôtre aussi. Mais maman ne nous a pas demandé notre avis. Elle n'a pensé 10 qu'à elle. Elle a fait sa crise. Maintenant, sa passion passe avant tout, avant nous.

Mais est-ce qu'on devient clown à 36 ans ? Est-ce qu'il ne faut pas naître dans une famille d'artistes de cirque ? Est-ce qu'on n'est pas clown de père en fils, de mère en fille ? En même 15 temps que je pense à tout ça, je sais aussi que j'exagère[8]. Je suis injuste parce que je me fous que maman soit tout le temps là pour nous, qu'elle ne fasse pas le ménage, qu'il n'y ait plus que des spaghettis à manger, qu'elle ne lave pas mes jeans. Je n'ai plus cinq ans et elle m'a appris à faire tout ça. 20

La vérité, c'est que les absences de maman m'ont bien arrangé[9]. Et quand elle a commencé à partir le week-end, pour animer[10] un 25 anniversaire avec son équipe de clowns ou participer à un festival de cirque, j'ai été souvent faire la fête. Je suis sorti tous les samedis avec 30 mes potes. On a bu, on a fumé, on n'a presque pas dormi. J'ai toujours pensé que la vie, c'était être libre, faire ce qu'on veut quand on veut, ne pas se lever tôt, dormir le jour, s'amuser la nuit. J'essayais de me convaincre que la vraie vie, c'était de ne pas avoir de contraintes[11]. Tout

5 l'argent que je gagnais à la station-service le samedi matin, je le dépensais le soir. Je ne réalisais pas que je me construisais ma propre prison. L'alcool, le shit, la nuit deviennent vite des drogues. J'ai dit au psy que je n'avais pas de problème avec l'alcool. C'est vrai, jusqu'à aujourd'hui, je pensais que je n'en

10 avais pas. Mais depuis que j'en ai parlé avec lui, je me suis rendu compte que, depuis longtemps déjà, je ne pouvais jamais m'amuser sans boire deux ou trois bières ou un whisky-coca. La révolution de maman a été un bon prétexte pour moi d'accélérer[12] la cadence[13] et de boire encore plus.

15 La décision de maman a touché quelque chose de sensible en moi sans que je le réalise vraiment. Quand quelqu'un te parle de ses rêves de gosse[14] et te dit qu'il a décidé d'aller jusqu'au bout de ses rêves, c'est fort, c'est grand, forcément, ça te pose des questions sur toi.

20 Le passé, le présent, le futur.
J'ai toujours fait semblant. Comme si rien n'était important. La vérité, c'est que j'ai peur de tout, de l'avenir, des études, du travail. Et de l'amour, de la mort. Même vivre me fait peur. Est-ce que je suis capable de tout affronter[15] ?

25 Et puis il y a cette fille, Zoé. Sans elle, je serais peut-être mort. MORT. Je ne me suis jamais imaginé vieux. Mais je n'ai jamais imaginé non plus mourir à 18 ans. Quand j'y pense, je sens comme une pierre en travers de ma gorge[16]. Je n'ai pas vraiment envie de vivre, mais je n'ai pas vraiment envie de mourir non plus.

30 Je tourne un peu en rond dans la chambre. Loubna m'a laissé son lecteur MP3. On n'aime pas les mêmes trucs, mais j'ai perdu le mien. Moi, c'est plutôt les Artic Monkeys, les Vampire

Weekend et Franz Ferdinand. Elle, c'est plutôt des chanteurs français, de la musique cool.

Les écouteurs dans les oreilles, je retrouve mon poste devant la fenêtre. La voix de Benjamin Biolay pénètre[17] ma tête, ma peau, mon corps.

5

(...)

j'ai même pas vu
que j'étais nul,
que j'étais plus que ridicule,
que j'étais tout seul dans ma bulle.
(...)

extrait de « Tout ça me tourmente », de Benjamin Biolay

Je serre les dents[18]. Je me concentre sur le paysage dehors. Le soleil est timide et l'herbe un peu haute autour des platanes. Je regarde un vieux qui s'est assis sous un arbre. Il a l'air de chanter ou de prier[19]. Je le regarde et j'écoute maintenant Dominique A :

(...)
si seulement nous avions le courage des oiseaux
qui chantent dans le vent glacé

tourne ton dos contre mon dos
que vois tu je ne te vois plus
si c'est ainsi qu'on continue
je ne donne pas cher de nos peaux
(...)

extrait de « Le Courage Des Oiseaux », de Dominique A

Mes yeux coulent tout à coup. Je ne sais pas ce que j'ai. J'ai froid et je n'arrête pas de pleurer. Qu'est-ce qui est si difficile dans la vie ? Qu'est-ce qui est si lourd[20] qu'on en oublie la direction ? Je cherche ce que je voudrais faire, mais je n'ai pas d'envies, pas de projets. J'ai 18 ans et je ne sais pas ce que je veux faire de ma vie. J'en veux[21] à ma mère d'avoir plus de rêves que moi. J'ai l'âge, paraît-il, où on choisit sa vie. Mais comment décider ce que je serai plus tard alors que j'ignore[22] encore ce qui fait battre[23] mon cœur ?

4. Le cahier

PISTE 10

Loubna est debout à côté de la fenêtre, à la place précise où je me mets quand je suis seul. Elle reste là, elle regarde souvent dehors. Elle plaisante. Elle a un air léger[1] que je ne lui connais pas. Elle a laissé ses cheveux longs. Elle a même mis du gloss sur les lèvres. Elle est jolie dans sa robe rouge, une nouvelle robe sûrement. D'habitude, elle met plutôt des pantalons. On discute tous les deux de tout et de rien pendant que maman parle avec l'infirmière de son nouveau métier. Elle me demande :

— Alors, ils t'ont dit quand est-ce que tu sors ?

— Non, toujours pas.

— T'as pourtant l'air en forme !

— Bof ! Tu trouves ?

La porte de la chambre se ferme enfin derrière l'infirmière. On est tous les trois. Je rouspète[2] un peu contre maman :

— C'est pas trop tôt ! Tu viens ici, mais c'est pour parler boulot !

— Mais, non. Cette dame m'a vue la dernière fois quand je suis arrivée en clown...

– C'était difficile de ne pas te voir...

– L'association qui organise des activités pour les enfants malades cherche un clown.

– C'est payé combien ? je demande.

Loubna rit tout le temps.

– J'ai dit quelque chose de drôle ? je demande.

– Non, mais toi et l'argent... C'est une maladie !

– Si maman change de métier, j'espère qu'elle va gagner un peu plus d'argent que quand elle allait à l'usine...

– Non, ça, c'est pas sûr du tout ! dit maman. Et pour ce travail à l'hôpital, je ne suis encore qu'une apprentie[3] clown, alors, pour le moment, ce sera bénévole[4] ! Mais, moi, j'adore ! Si je peux être clown et utile en même temps, c'est super, non ?

Loubna et moi, on se regarde. Ma sœur est vraiment bizarre. Elle rayonne[5].

– Moi, je trouve ça bien, elle fait. Mais maman, tu dois aussi gagner ta vie[6]...

C'est nouveau : Loubna encourage[7] maman.

Moi, je ne suis pas d'accord :

– Le monde des clowns, c'est ta nouvelle religion ou quoi ? On dirait que t'es dans une secte. Tu parles que de ça, tu penses qu'à ça... Et si ça marche pas ?

Maman sourit :

– C'est possible... Mais Sami, c'est ma passion. C'est comme ça. Je suis enfin sur le chemin que je voulais prendre depuis toujours... Tu veux que j'arrête tout ?

– Je ne dis pas ça.

– J'ai mis du temps à trouver mon chemin. 36 ans !

Quelque chose a changé entre nous trois. Je ne nous reconnais plus. Je voudrais que tout redevienne comme avant, quand la vie me semblait légère, parce qu'aujourd'hui, elle pèse[8] des tonnes sur mes épaules.

Loubna vient vers moi :

— J'y vais maintenant !

— Je t'accompagne jusqu'à l'ascenseur, je dis parce que j'ai envie de lui poser une question en tête à tête.

5 — Si tu veux.

— Je t'attends ici, Sami, dit maman qui a compris.

C'est la première fois que je sors de ma chambre. Je vois enfin ce qu'est vraiment un hôpital. J'aperçois[9] d'autres malades. Il n'y a pas que des jeunes.

10 — Tu vas me prendre pour une folle, me dit Loubna devant l'ascenseur, mais l'ambiance d'un hôpital ne me dérange pas. Je n'étais jamais venue et, grâce à toi, je découvre ce que c'est.

— T'es un peu spéciale comme fille, non ?

15 — Je sais. On me l'a déjà dit !

Je regarde Loubna, puis je lui demande :

— Tu crois que maman va réussir à devenir clown ?

— Elle a l'air de le vouloir vraiment. Elle fait tout pour ça. Alors pourquoi pas ?

20 Loubna entre dans l'ascenseur qui se ferme sur son rire.

— Ciao ! je fais à Loubna.

— Ciao, Sami !

J'entends crier ma sœur dans l'ascenseur. Sa joie n'est pas contagieuse[10]. Je fais demi-tour[11]. Sur le chemin vers ma chambre,

25 je croise une fille si maigre[12] qu'on voit son squelette à travers sa peau.

Dans ma chambre, ma mère est assise sur le lit, elle me donne un cadeau. C'est un cahier. Elle l'a retrouvé dans ses affaires. Je l'ouvre et je lis : *Le livre des voyages de Sami*.

30 Je lève la tête.

— J'avais quel âge ?

— Sept ans. Regarde !

Je tourne la page. En vert, j'ai écrit :

Mon premier pays : le Maroc.

— On n'a jamais été là-bas ?

— Non, tu as tout inventé.

L'émotion que je ressens[13] est tellement forte qu'elle me fait   5
presque mal. Maman me dit :

— Tu le liras plus tard, au calme. Tu verras, c'est émouvant !
    Et drôle aussi !

Maman m'embrasse. Je ferme la porte derrière elle. Je vais
jusqu'à la fenêtre. Le ciel est bleu sans nuages. Je regarde   10
les gens qui marchent et, là, dans la foule, j'aperçois Loubna,
main dans la main avec un garçon que je ne peux pas voir,
mais qui est plus grand qu'elle et qui porte un violoncelle
sur le dos.

Je regarde le cahier, les dessins à l'intérieur. Il y a ce mot   15
MAROC. Il m'a toujours attiré[14]. C'est le pays de notre père
à Loubna et à moi. Djallel est parti avant la naissance de
ma sœur. En-dehors de deux ou trois informations, je ne sais
rien sur lui. J'ai imaginé son pays tant de fois. Quand j'y
pense, je me suis souvent fait des copains nord-africains à   20
qui je n'ai jamais dit que mon père était né à Casablanca.
J'ai souvent rêvé qu'on prenait l'avion, maman, Loubna et moi
pour traverser la Méditerranée et y aller.

Je prends mon portefeuille[15]. Je cherche une feuille de papier
que j'ai rangée là cet été. Elle y est toujours. J'ai reçu cette   25
lettre peu avant la rentrée et je ne l'ai encore montrée à
personne. Je la lis, puis la relis. Je réalise que j'avais oublié
qu'elle était là, ce qu'elle me racontait et ce qu'elle m'a
appris sur moi. Il est temps, pour moi, de faire le numéro de
téléphone qui est écrit tout en bas pour en savoir plus sur ce   30
que je suis.

Casablanca est la capitale économique et la plus grande ville du Maroc. À environ 80 km au sud de Rabat, elle est située sur la côte atlantique.

1. Le TGV pour Paris

PISTE 11

J'ai d'abord marché longtemps en direction de Lyon, quelques kilomètres. J'ai hésité avant de monter dans le bus. J'ai pensé : toutes nos vies vont changer si je prends ce bus qui va m'emmener à la gare. 5

Quand on n'a plus vingt ans, on réfléchit longtemps avant d'aller au bout de ses rêves. Il y a le loyer à payer, le frigo[1] à remplir[2], les études des enfants à payer. Quand Loubna et Sami étaient petits, je me disais que je devais être là, avec eux, tout le temps, 24 heures sur 24, parce qu'ils étaient petits et 10 qu'ils avaient besoin de moi. Je croyais que c'était une question de deux ou trois ans, cinq ans maximum. Quelle bêtise !

Maintenant, je sais que c'est faux. Depuis qu'ils sont entrés dans l'adolescence[3], les enfants ont autant[4] de besoin de moi que lorsqu'ils étaient petits, mais différemment bien sûr. Je suis devenue à la fois leur punching-ball et leur coach. Je lave leurs jeans. Je les encourage. Je les 20 finance. Je les supporte. J'ai surtout le mauvais rôle de celle qui dit non. Enfin, ça, c'est mon portrait idéal. Dans la réalité, je fais aussi beaucoup d'erreurs.

Si j'avais été cette mère qui conseille et qui s'oppose, Sami ne se serait jamais retrouvé à l'hôpital.

J'ai laissé passer des bus et risqué de rater mon TGV pour Paris. Je me suis souvenue de qui j'étais à l'âge de Sami et Loubna. À 16 ans, à 18 ans aussi, je ne croyais pas en moi. J'avançais comme dans un tunnel et j'ai quitté l'école trop tôt. Je n'ai jamais compris ce que j'y faisais. Je n'y avais pas ma place et je n'avais, de toute façon, ma place nulle part ailleurs.

Quand j'ai rencontré Djallel, ses yeux noirs et ses grandes mains,
10 j'ai imaginé que l'enfer[5] était derrière moi. Je ne savais rien de lui et je ne me rendais même pas compte qu'il avait quinze ans de plus que moi. Je me prenais pour Cendrillon[7]. Je croyais que, dans l'existence, on peut compter sur les fées et les princes charmants pour s'en sortir[8]. Il y a maintenant quelque chose
15 dont je suis certaine : notre bonheur ne dépend que de nous.

J'ai, donc, fini par monter dans le bus, bien après *la Mulatière*. Quand j'ai envoyé mon tout petit CV, ma lettre de motivation et ma vidéo, je ne pensais vraiment pas que le Cirque des Étoiles me permettrait de passer une audition[9]. Steve
20 Duchemin, le directeur du casting, m'a assuré[10] au téléphone qu'il ne cherchait pas un professionnel, juste quelqu'un de drôle. Cette audition, je le sais, c'est la chance de ma vie, « une rencontre à ne pas manquer », m'a dit Zopek, le vieux clown du Cirque Polonia. Car, le Cirque des Étoiles est l'un
25 des plus grands et ses artistes viennent de tous les pays pour participer à ses spectacles. L'autre samedi, j'ai vu leur dernier show à la télé. Génial !

J'ai grimpé les escaliers[11] de la gare de *Perrache* et j'ai sauté[12] dans le TGV. C'est la première fois que je vais à Paris. Les

enfants y sont déjà allés plusieurs fois avec l'école et le collège.
Moi, je n'ai jamais voyagé. Je sais que cela peut paraître[13] fou,
mais c'est comme ça. J'ai passé les dernières 18 années de ma
vie à travailler et à élever seule Sami et Loubna. Je n'ai pensé
qu'à ça, pouvoir payer les factures[14], faire manger mes enfants,   5
les habiller, leur payer des vacances et basta. À vingt ans,
j'étais déjà mère de famille et je n'avais plus de contact avec
mes parents qui ne supportaient pas mes choix. Je travaillais à
l'usine, j'avais des enfants et leur père était un Arabe qui avait
presque l'âge de mon père. Pour mes parents, j'avais gâché[15]   10
ma vie, mon avenir. J'avais surtout détruit leurs rêves. Ce qui
s'est passé ensuite leur a donné raison : j'ai quitté Djallel très
vite. Pas une fois, il n'a demandé des nouvelles des enfants.
Finalement, il a disparu de nos vies.
À 20 ans, j'avais autre chose à penser qu'à réaliser mes rêves   15
d'enfant. À 20 ans, du reste, que sait-on de ses rêves ? La vérité,
c'est qu'on les a souvent oubliés, perdus. Je l'ai bien remarqué avec
les copains de Loubna et Sami et aussi avec les enfants de mes
collègues à l'usine. Entre 15 et 20 ans, la plupart d'entre eux ne
savent pas quoi faire dans la vie. Certains ont même très peur   20
quand ils doivent choisir une orientation. Tout dans notre société
les pousse[16] à y penser. Je me souviens d'une fois où Loubna, qui
était en classe de 4e*, était rentrée en pleurs du collège :
– Maman, la prof nous a donné jusqu'à demain pour choisir le
   métier qu'on veut faire plus tard !   25
Loubna pleurait, elle qui sait depuis toujours ce qu'elle veut faire.
À 20 ans, et même avant, on pense à savoir comment gagner
sa vie, à avoir un travail. Ou alors, on fait tout le contraire, on
essaie d'oublier cette « pression[17] » de la société qui nous oblige

---

* Le collège va de la 6e à la 3e. En 4e les élèves ont entre 13 et 14 ans.

à devenir des « agents économiques[18] », c'est ce que disaient les syndicats[19] à l'usine, et on fait comme Sami. On abuse[20] de l'alcool, des drogues et on se laisse porter par la vague[21].

D'une façon ou d'une autre, on oublie ses rêves comme s'ils étaient dangereux.

À présent, je suis sur le quai du métro et l'image de Sami ne me quitte pas. Mon grand garçon abîmé[22], j'ai failli le perdre[23]. Est-ce ma faute ? J'ai toujours été plus inquiète pour Sami que pour Loubna. Je me suis toujours dit que grandir sans père, c'était plus difficile pour un garçon que pour une fille : il a dû se construire une identité, seul. Je crois que Sami ne s'est jamais remis[24] du départ de Djallel.

J'aurais dû refaire ma vie, lui trouver un autre père. J'ai eu quelques aventures, mais sans lendemain. Ma priorité a toujours été de m'occuper de mes enfants, de les écouter, de faire attention à eux. Cette fois-ci, je n'ai rien vu venir. Je n'ai pas compris que Sami allait mal. Je ne peux pas croire qu'un garçon se mette minable parce que sa mère décide enfin de penser à elle. Il y a autre chose, mais quoi ? Quand un enfant décide de cacher quelque chose, c'est difficile de savoir. Sami ne sait peut-être pas lui-même. Est-ce le mauvais moment pour commencer une nouvelle vie ? Mon cœur se serre. Il sera toujours temps de renoncer[25] à mes rêves.

2. Souvenirs

PISTE 12

Nous sommes des dizaines de clowns, la plupart sont des pros[1]. J'ai toujours détesté les compétitions et je me demande ce que je fais là. J'ai mes deux gri-gri[2] : une petite boîte que je

Iron Maiden est un groupe de heavy metal britannique. Ils ont vendu plus de 100 millions d'albums.

porte autour du cou et dans laquelle j'ai plié[3] le poème que Loubna m'a donné, *Clown* de Michaux, et un vieux t-shirt « Iron Maiden » que Sami s'était acheté pendant sa période hard-rock et que je lui ai volé. J'ai aussi une vieille photo. C'est à cause d'elle que je suis ici.

On ne décide pas de devenir clown à 36 ans parce qu'on trouve ça tout à coup joli et que les clowns sont à la mode. C'est quelque chose qui vient de loin comme cette photo que j'ai retrouvée un matin alors que je ne travaillais pas, deux jours avant l'annonce du plan social. Je venais d'entendre à la radio que les clowns Groseille, deux frères, étaient morts tous les deux, la même semaine. Ça m'a fait un choc, pas un choc qui assomme[4], mais un choc qui donne envie de tout changer. Les frères Groseille, j'avais eu la chance de les rencontrer 26 ans plus tôt. Je me suis sentie vieille tout à coup. À 36 ans, j'ai eu l'impression d'avoir beaucoup vécu. Je suis devenue adulte[5] trop jeune et la vie a été dure parfois avec moi. Mais je ne regrette rien et surtout pas Sami et Loubna.

Ce matin-là, donc, j'ai fait un grand ménage dans la maison et j'ai retrouvé une boîte avec des photos de famille. Je ne savais même plus que j'avais ces photos. Sur l'une d'elle, je me suis reconnue : j'ai cinq ans, je suis habillée en clown. Je ne suis pas seule sur la photo. Il y a un petit garçon, un autre petit clown. Je retourne la photo et je lis : « *Marlène et Laurent* ».

Laurent, c'était mon amoureux à la petite école. Avec Laurent, on imaginait des spectacles, on inventait des numéros, on dressait[6] nos chats, on chantait la chanson d'Édith Piaf :

Un clown est mon ami
Un clown bien ridicule
Et dont le nom s'écrit
En gifles[7] majuscules
(...)

extrait de « Bravo Pour Le Clown »,
chanson d'Henri Contet, interprétée
par Édith Piaf

Édith Piaf : célèbre chanteuse française (1915 – 1963), connue par des chansons comme « La vie en rose » ou « Rien de rien ».

Avec Laurent, on était les plus heureux du monde. Ça se voit
5   sur la photo. C'est comme ça que tout m'est revenu. Je me suis souvenue de mon rêve. Comment ai-je pu l'oublier toutes ces années ?
Quand j'y pense, maintenant, enfant, j'ai toujours été clown. J'ai toujours été celle qui fait rire les autres. Mais je ne l'ai
10   jamais dit et personne ne l'a jamais remarqué. J'étais, pour mes parents, une miss catastrophe qui ne fait rien comme les autres et qui préfère vivre dans les nuages que faire ses devoirs.

L'événement qui a créé ma vocation[8] de clown, a eu lieu à l'école
15   quand j'avais dix ans. On était toujours ensemble, Laurent et moi. Notre maître avait organisé une classe de cirque. Nous avons passé cinq jours sous un chapiteau[9]. On a jonglé, fait

des acrobaties, dompté des animaux. Laurent et moi, on a surtout tout fait pour rester avec les clowns : c'étaient les frères Groseille justement, des frères qui se disputaient tout le temps, mais qui ont réussi à nous communiquer l'amour de leur métier. Une révélation[10]. À la rentrée suivante, au collège, Laurent et moi, on a participé au club théâtre et on a convaincu la prof de présenter un spectacle. J'étais timide, mais devant le public, j'oubliais tout. Au début, nos copains se moquaient de nous. Ensuite, ils nous demandaient toujours de les faire rire. Mais, quelques mois plus tard, Laurent a déménagé et j'ai arrêté de faire le clown. Sans lui, ce n'était plus pareil et, de toute façon, les profs commençaient à me faire remarquer que je devais mettre mon énergie dans mes devoirs au lieu d'amuser les autres.

Jusqu'à ce que j'en parle à mes enfants, je n'ai jamais dit à quelqu'un que j'avais ce rêve de devenir clown. Mon rêve était comme un trésor caché à l'intérieur de moi, si bien protégé que j'ai fini par l'oublier. Je crois que nous avons tous en nous des rêves perdus. Nous les perdons, d'abord, parce que nous ne croyons pas en nous. J'ai toujours attendu que quelqu'un m'autorise[11] à croire en mes rêves. Mes parents, ma famille, les profs. Mais je n'ai jamais trouvé personne à qui parler. Et il y a ce que nous entendons souvent dans l'enfance et l'adolescence, qu'il ne faut pas être trop ambitieux, trop fous, trop prétentieux[12], qu'il faut choisir un métier d'avenir pour éviter le chômage.

Après avoir découvert la photo, j'ai eu envie d'un grand ménage dans ma vie. En attendant de le faire, j'ai nettoyé la maison comme jamais, puis je suis allée marcher dans la rue. J'ai vu Mona, la petite handicapée de naissance. Elle passe son temps derrière la fenêtre. Qu'est-ce qu'elle attend ? S'imagine-t-elle que quelqu'un viendra, un jour, la sortir de là ? Est-ce qu'elle croit à la fée clochette* qui nous aide à réaliser nos rêves ? Je me suis arrêtée devant elle et je lui ai demandé si elle aimait les clowns.

5   – Les clowns ! elle a fait comme si elle ne comprenait.

– Oui, dans les cirques…

Mona n'avait jamais vu de clowns. Alors, je lui ai promis que je l'emmènerais si ses parents étaient d'accord. Et, quelques jours plus tard, on est allées toutes les deux voir le spectacle du Cirque

10 Polonia. Mona a ri. À la fin, elle était très émue. J'ai compris ce jour-là que je devais tout faire pour être clown moi aussi.

Après le spectacle, Mona a voulu rencontrer le directeur du cirque, monsieur Polonia, pour lui dire combien elle avait aimé le spectacle. On y est allées et le directeur nous a reçues dans son

15 bureau. On a parlé de tout et même de mon rêve. Grâce à Mona, monsieur Polonia m'a proposé de faire un stage dans son cirque.

– Dis, c'est pas le moment de rêver !

Un homme vient vers moi, pas méchant, plutôt stressé.

– C'est toi Zelda ?

20 – Oui, je dis.

Pour la première fois, quelqu'un m'appelle par mon nom de clown. Je l'ai choisi avec Loubna et je trouve qu'il sonne[13] bien.

– C'est à toi, là, maintenant, de passer pour l'audition.

– D'accord, j'y vais, je fais.

25 Être clown sur une scène, c'est ce que j'aime le plus au monde. Le plaisir, c'est important dans la vie. Je ne l'ai peut-être pas assez dit aux enfants. La vie est un combat[14], mais une joie aussi, surtout quand on a une passion.

J'avance entre les rideaux[15] jusqu'à la lumière. Je me sens bien.

---

* Il s'agit d'une référence à la fée qui accompagne le personnage de Sir J. M. Barrie, Peter Pan.

3. La plus belle des rencontres

PISTE 13

Ils sont cinq en ligne au bas de la scène. Je m'avance. C'est pour eux que j'ai fait mon numéro. L'audition a duré presque une heure. J'ai donné tout ce que j'avais.

— Bonjour Zelda ! Je suis Steve Duchemin, le directeur de   5
  casting. On s'est déjà parlé au téléphone.

Je reconnais, en effet, cette voix calme, chaude, son accent québécois. C'est un homme à la peau très blanche et au regard doux. Il continue :

— Voici les autres membres du jury : Franck Sita, le manager,   10
  Valérie Simon, la directrice artistique, Jamel Valentino, le
  metteur en scène[1].

Steve Duchemin me dit « tu » tout de suite. Il ne dit rien de ma prestation[2] de clown. Il me pose des questions pratiques, où j'habite,   15
si j'ai une famille, si je parle anglais. Ouf, l'anglais, moi qui n'ai jamais quitté la France, j'adore, c'est mon hobby, j'ai commencé en même temps que les enfants.

— Zelda, c'est ton nom de scène, n'est-ce pas ?   20
Je fais oui de la tête et j'essaie de tous les regarder en même temps. Mes yeux vont vers la cinquième personne, celle que Steve n'a pas présentée. C'est un vieux qui dort. On dirait un SDF* que le jury n'a pas voulu   25
déranger.

* SDF (Sans Domicile Fixe) : terme qui désigne une personne qui vit dans la rue.

59

Duchemin discute avec les trois autres membres du jury. Je ne les entends pas. C'est assez désagréable³. Puis, enfin, il m'explique leur projet, leur nouveau spectacle, le travail avec le Cirque des Étoiles.

5   — Tu as compris que notre tournée va durer six mois au Canada, au Brésil, en Europe et au Japon…

Je fais « oui », mais je ne dois pas avoir l'air très sûre de moi. Steve Duchemin me
10 répète sa question, à moi qui n'ai jamais été nulle part.

  — Tu es prête à partir ?

  — Oui, bien sûr, je finis par dire.

15 J'ai l'impression de perdre mes moyens⁴. Je n'entends même plus très bien ce que je dis. Je crois comprendre que Steve Duchemin va me rappeler. Je me dis que je n'ai pas réussi à les convaincre. Déjà, le jury me dit au revoir et je quitte la salle.

20   — Zelda !

Je me retourne. C'est le vieux qui dormait à côté des membres du jury. Il marche difficilement dans son manteau bleu. Il a un physique bizarre : il est grand et large avec une petite tête et des yeux de Chinois.
25   — Zelda ! répète-t-il.

Il est essoufflé⁵, il s'arrête, je m'avance. Ses yeux brillent⁶ comme des diamants. Je me suis trompée. C'est une femme, en face de moi, une femme habillée comme un homme.

  — Tu hésites, c'est ça ? Tu te demandes vraiment si tu dois
30 accepter la proposition ? Tu as ta vie. Pourquoi tout changer ? Pourquoi tout remettre en question⁷ ?

Je ne dis rien. La vieille femme n'attend pas que je lui réponde.

— On ne devient pas clown. On naît clown. Bien sûr, on peut
apprendre certaines techniques, mais pour ce qui est de faire
rire, on l'a ou on ne l'a pas. Toi, Zelda, tu as ça au fond de toi.
Le jury l'a tout de suite remarqué.

La vieille reprend son souffle[8]. Je me demande comment elle a
pu voir tout ça, elle qui dormait.

— Alors, oui, si tu acceptes, tu vas partir de chez toi. Tu
voyageras d'un pays à l'autre. Tes enfants ne te verront pas
pendant des semaines. C'est un choix comme un autre.

Un jeune garçon passe à côté de nous et la salue[9] :

— Bonjour madame Barbarelli !

— Bonjour Jo !

Je ne remarque ni le regard du garçon sur la vieille ni le nom
avec lequel il s'est adressé à elle. J'écoute. La vieille n'a pas fini.

— Dis-toi une chose, Zelda : bien sûr, tes enfants te manqueront
et toi aussi tu leur manqueras. Ce sera dur, surtout, au
début. Et puis, vous vous retrouverez et ces moments-là
seront magiques. Le pire pour des enfants, c'est le manque de
perspective. L'important, c'est de leur montrer la voie[10]. Nos
enfants doivent aussi trouver leur chemin tout seul. Compris ?

Je fais oui avec la tête comme si j'étais une petite fille qui
répond à son professeur. Les deux diamants que la vieille a à la
place des yeux me regardent, un long moment, puis se ferment
d'un coup[11]. La vieille se retourne et se traîne jusqu'à la salle.
Je l'entends :

— Très bon choix, ce nom de scène, Zelda ! Zelda !

— Merci beaucoup ! je finis par lui crier avant de la voir disparaître.

— Madame ! m'appelle une voix de petit garçon.

Un enfant se trouve à côté de moi. Il tient un singe[12] dans ses
bras. Ils se ressemblent, même si l'un est un petit homme et
l'autre un animal.

– Il est mignon, ton singe !

– C'est plus qu'un singe ! C'est mon frère, répond le petit garçon, celui qui a salué la vieille tout à l'heure.

– Vous ne savez pas qui est la dame qui vous a parlé, hein ?

5 – Je la connais, tu crois ?

– Vous avez de la chance parce que je ne crois pas qu'elle soit très bavarde d'habitude.

– Ah, bon ? Pourquoi ?

Le garçon s'offusque[13] tout à coup.

10 – C'est la plus grande clown de tous les temps !

Le petit garçon parle avec gravité[14].

– Pépita…

Et là je connais la suite[15]. Je sais de qui va me parler l'enfant. Il va me parler de ce clown qui me faisait rire quand j'étais une toute petite fille et que je découvrais ce qu'était le cirque.

15 – …Barbarelli. Est-ce que ça vous dit quelque chose ?

Pépita Barbarelli. Je ne savais pas qu'elle travaillait toujours et surtout avec le Cirque des Étoiles. Je me sens heureuse tout à coup et tellement émue. Pépita Barbarelli ne ressemble pas à la fée clochette, mais cette rencontre est plus belle que toutes

20 celles que je pouvais espérer.

4. L'heure des choix

PISTE 14

Loubna fait une tête quand je rentre à la maison. Elle est en colère. J'ai raté la « rencontre parents-profs » au lycée et elle

25 m'en veut terriblement. Je le lui avais promis et j'ai oublié que c'était ce soir.

– Bien sûr, une réunion au lycée, c'est beaucoup moins important qu'une audition au Cirque des Étoiles !

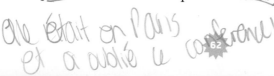

— Tu voulais vraiment que j'y aille ? je lui demande. Je peux toujours prendre rendez-vous avec eux.

— Maman, c'est ce soir que je comptais sur toi !

Je connais Loubna et je sais qu'elle n'exprime jamais directement ses sentiments. 5

— C'est quoi, ton problème ?

Loubna me regarde de ses yeux bleus, plus bleus encore que les miens.

— Tu ne seras pas fâchée[1] ?

— Fâchée ? Mais pourquoi ? 10

— Je veux être interne[2] au lycée du Parc. Je voulais que tu ailles à la réunion pour en parler avec mes profs.

— Mais pourquoi tu veux être interne ? C'est le bus... C'est trop long ? Je peux essayer de t'accompagner à Lyon...

— Maman, on n'a pas de voiture ! 15

— Y'a un problème à la maison ? Le ménage, la cuisine... Je vais faire un effort[3]...

— Mais qu'est-ce que tu racontes ? On est assez grands, Sami et moi, pour faire la cuisine et ranger nos affaires. Non, maman, je veux être interne parce que je veux avoir de meilleurs 20 résultats au lycée. J'ai décidé de profiter de cette chance d'être au lycée du Parc.

— Ce n'est pas à cause de moi ?

— Non, même si tu m'as souvent laissée seule ces dernières semaines. Toi et Sami, vous m'avez bien laissé tomber. 25

— Je peux essayer de m'organiser...

— Maman, arrête de dire n'importe quoi ! Steve Duchemin a appelé. Ils te prennent au Cirque des Étoiles.

— Qu'est-ce que tu racontes ?

— C'est génial, maman ! Je suis fière de toi ! 30

— Tu es sûre ?

— Tu ne me crois pas ? Il va te rappeler. Je le trouve vachement sympa ce type ! Il a quel âge ?

— Ben, mon âge, il est peut-être un peu plus vieux que moi.

Loubna me regarde avec des sous-entendus[4] pleins les yeux et dit :

— Si, en plus de trouver un métier, tu pouvais trouver l'homme
5   de ta vie...

On rit, Loubna et moi. Je l'embrasse comme lorsqu'elle était un
bébé[5], dans le cou.

— Alors, tu dis « oui » pour l'internat ?

— Je ne sais pas...

10 Ma fille a grandi ces dernières semaines. L'idée qu'elle me
quitte n'est pas facile à accepter. Je n'avais pas imaginé que
la révolution que j'ai commencée il y a quelques semaines nous
pousserait si vite à bouleverser[6] nos existences. Je me dis que
l'internat est peut-être une bonne solution pour tout le monde.

15 À ce moment là, on sonne à la porte.

— Laisse, je vais ouvrir ! fait Loubna.

Loubna a l'air déçu quand Mona apparaît derrière la porte.
La petite fille a un sourire immense sur son visage. Elle lui
montre une enveloppe.

20 — Le Président m'a répondu !

— Le Président, je dis. Mais quel président ?

— Le Président de la République française est d'accord avec
    moi !

Mona se jette[7] dans les bras de Loubna. Je ne comprends rien.

25 On sonne à nouveau à la porte. C'est un grand jeune homme.
Très beau, mais pas le genre qu'on voit dans les magazines.
Le genre unique. Il a des yeux verts fascinants et il porte un
instrument sur le dos, peut-être un violoncelle.

— C'est pour moi ! crie Loubna.

30 — Entrez ! je dis. Bonjour !

— Bonjour madame ! Moi, c'est Ludo...

Je le reconnais. C'est le garçon de la *place Saint-Jean*. Je ne l'ai jamais dit à Loubna, mais je l'ai vue dans la petite foule des spectateurs[8] ce soir où, avec le Cirque Polonia, nous sommes allés faire un spectacle dans les rues du Vieux Lyon. Quand j'ai remarqué ma fille main dans la main avec ce garçon, je me   5
suis dit que je ne pouvais pas me dégonfler[9]. J'ai préféré faire comme si je ne l'avais pas vue pour ne pas la gêner[10]. Quand ils sont partis avant la fin, j'ai compris qu'elle n'avait pas encore accepté de voir sa mère en clown. Je suis contente, maintenant, que ce garçon vienne à la maison.   10

— Dis, Loubna, il faut que je lui réponde au Président ! Tu voudrais pas m'aider à faire la lettre ?
— Mona !
— S'il te plaît Loubna… Tu peux faire ça   15
pour les enfants…
Je crois enfin comprendre de quoi parle Mona. Elle m'a raconté son grand projet d'être avocate des enfants.
— C'est une affaire de filles ou est-ce que   20
je peux vous aider ? demande Ludovic.
— C'est pas du tout une affaire de filles !
Moi je m'occupe de tous les enfants. Je ne suis pas raciste, intervient[11] Mona.

Loubna emmène Ludo et Mona dans sa chambre quand le   25
téléphone sonne.
— Allo ?
— Marlène, dit la voix dont je reconnais l'accent et le calme.
— Oui, c'est moi !
— C'est Steve… Steve Duchemin… du Cirque des Étoiles.   30

J'ai le cœur qui bat très fort.

— Ça va ?

— Oui !

— J'ai déjà appelé. Ta fille te l'a dit ? Elle est charmante...

5 — Oui.

— Alors, tu sais déjà qu'on voudrait que tu participes à notre prochain spectacle.

Mon cœur va bientôt exploser[12]. Je bafouille[13] :

— Oui, c'est une très... belle... nouvelle !

10 — On va t'envoyer un billet d'avion pour Montréal. Nous t'attendons dans un mois. C'est Ok pour toi ?

— Oui, très bien, je dis mais je ne sais pas du tout comment je vais faire avec les enfants.

Quand je raccroche le téléphone, j'entends applaudir derrière

15 moi. Loubna, Ludovic et Mona sont là.

— Vous m'espionnez[14] ?

— Mais, maman, tu fais une de ces têtes ! Tu n'es pas contente ?

— Si.

— Alors, tu caches bien ta joie !

20 — Ils m'attendent dans un mois.

— Tu m'inscris[15] tout de suite à l'internat, alors !

— Qu'est-ce que je vais dire à Sami ?

— Maman, Sami a 18 ans !

— 18 ans... mais vous êtes encore MES bébés. En plus, en ce

25 moment... Et, le bac, alors ? C'est dans deux mois.

— Réviser[16], ça se fait tout seul...

— Si vous avez un problème pendant la tournée...

— Moi, je suis là pour Loubna... dit Ludovic, un garçon vraiment très mignon.

30 — On pourra peut-être aussi venir en vacances avec toi ! fait Loubna. Tu te rends compte ? C'est la chance de ta vie ! Tu viens seulement de commencer et le Cirque des Étoiles te

prend pour son nouveau spectacle.

J'ai peur tout à coup. Fini le temps des rêves. Dans la réalité, il y a toujours des choix à faire.

– Et moi, alors, je suis là, dit Mona tout à coup. N'oubliez pas que je suis en contact avec le Président de la République ! Il 5 pourra nous aider...

Je prends Mona dans mes bras et je pense à Sami à l'hôpital. Comment va-t-il prendre la nouvelle quand je vais la lui annoncer tout à l'heure[17] à l'hôpital ?

Montréal, au Canada, est la métropole du Québec et la seule francophone en Amérique du Nord. Après Paris, c'est la deuxième ville francophone dans le monde.

5. Le secret de Sami

PISTE 15

Je vais d'abord voir Sami toute seule pendant que Loubna nous attend dans le hall. L'ascenseur est plein de monde, d'infirmières, de malades. Je déteste tout ça. Je me dépêche de
5 traverser et d'arriver dans la chambre de mon fils, mais son lit est vide. J'ai très peur tout à coup. Où est mon fils ? Une jeune infirmière que je ne connais pas arrive vers moi.

— Madame Messidi ?

Je fais oui de la tête, même si je ne m'appelle pas Messidi, mais
10 Briançon. Messidi, c'est le nom de mes enfants et celui de leur père.

— Qu'est-ce qui s'est passé ? je demande.

— Comment ?

— Où est mon fils ?

15 — Il vient juste de sortir. Le médecin lui a permis de quitter l'hôpital.

— Et pourquoi on ne m'a pas téléphoné ?

— Si, mais vous ne répondiez pas. En plus, votre fils a 18 ans… Il est majeur. Mais ne vous inquiétez pas ! Il n'est pas parti
20 tout seul… Il était avec son amie Zoé et une vieille dame aussi, sa grand-mère, peut-être…

— La grand-mère de Zoé ?

— Non, la grand-mère de Sami.

— Impossible. Sami n'a pas de grand-mère. Le médecin, il est
25 où ? je demande.

— Il n'est pas disponible[2]… Il visite ses patients…

Je suis en colère. C'est comme si toute la pression que j'avais accumulée[3] en moi depuis plusieurs semaines s'échappait[4]. Je fonce[5] vers le bureau du médecin qui est en train de le quitter :

– Pourquoi vous avez fait sortir Sami sans m'en parler ? je crie.

– Vous voulez que je vous parle de votre fils devant tout le monde ?

– Bien sûr que non !

– Entrez dans mon bureau !

Le bureau du médecin est aussi grand qu'une chambre d'hôpital, avec de grandes photos et des affiches de cinéma sur les murs.

– Votre fils va bien. Je l'ai laissé sortir pour deux raisons. D'abord, il a accepté de venir régulièrement[6] à la consultation[7] pour adolescents dépendants à l'alcool…

– Vous pensez qu'il est alcoolique ?

– Il risque de le devenir s'il ne change pas du tout son comportement[8].

– Deuxièmement, votre fils a beaucoup réfléchi pendant ces quelques jours à l'hôpital. Il m'a beaucoup parlé aussi. Et ça, c'est très important de pouvoir exprimer ses sentiments. Sami a pris des décisions. La seule chose que je vous demande, n'ayez pas peur de ce qu'il va vous demander. C'est important pour lui.

Le médecin prend une de ses cartes de visite et écrit un numéro de téléphone.

– C'est ma ligne directe. N'hésitez pas !

Je retourne dans le hall. Je vois d'abord Ludovic, puis Loubna et Zoé. Une vieille dame est à côté d'eux. Je me sens nerveuse quand j'entends la voix de Sami derrière moi.

– Maman !

J'embrasse mon fils. J'attends qu'il me parle.

– Alors, l'audition ? il me demande.

– Le Cirque des Étoiles me propose une tournée…

Sami ne réagit pas. Quelque chose d'autre le préoccupe[9].

– Maman ! fait maintenant Sami avec sérieux. J'ai quelque chose à te dire.

– Je t'écoute !

– C'est difficile à dire.

Sami tremble un peu.

– Viens, on va dehors ! je lui dis.

5   On est tous les deux dans un jardin de l'hôpital.

– Il y a six mois... commence Sami. On a reçu une lettre à la maison. C'était une lettre de la mère de Djallel.

Je ne dis rien. Je l'écoute me parler.

– C'était une lettre pour nous annoncer sa mort.

10 – Nous ? je demande.

– Oui, elle nous écrivait à tous les trois parce que juste avant, Djallel lui avait dit que nous existions.

Sami me laisse reprendre mon souffle.

– Maman, Djallel n'est jamais retourné au Maroc. Il habitait

15   à Saint-Etienne.

– Quoi ?

J'essaie de cacher ma surprise.

– Oui, à 60 kilomètres d'ici... comme toute sa famille, ses parents, sa femme et ses trois filles. Tu es en colère contre

20   moi parce que j'ai gardé tout ça pour moi ?

– Pourquoi tu ne m'as rien dit ?

– Je ne sais pas. J'étais choqué. Dans sa lettre, la mère de Djallel, elle disait aussi qu'elle voudrait bien nous voir.

– C'est elle, la dame dans le hall avec Loubna ?

25 – Oui.

– Tu l'as rencontrée quand ?

– Hier.

Je trouve mon fils très émouvant et très beau parce qu'il ne se cache pas derrière un personnage. Il est sincère.

30 – Quand j'ai reçu la lettre, je l'ai cachée, continue Sami. J'ai voulu l'oublier et surtout ne pas t'embêter avec ça. Qu'est-ce que la mort de papa changeait à notre vie ? Rien.

Je regarde Sami encore enfant, bientôt adulte.

– Le cahier que tu m'as donné m'a fait changer d'avis. Je me suis dit que c'était peut-être ça, mon problème, qu'un chapitre de mon histoire me manquait. Je ne sais pas d'où je viens. Je ne connais pas beaucoup de chose sur ta famille à toi et 5 encore moins sur celle de mon père. J'ai compris que je ne pouvais pas faire comme si sa mort ne me concernait pas.

– Tu as appelé ta grand-mère, alors ?

– Non, je lui ai écrit que j'étais à l'hôpital. Elle est venue le jour où elle a reçu la lettre. 10

Je serre mon fils dans les bras. Il est bien plus grand que moi.

– Maman, j'ai autre chose à te dire...

J'ai un peu froid tout à coup.

– Grâce au cahier, je me suis souvenu de ce rêve que je fais depuis que je suis petit. Maman, je voudrais aller au Maroc, 15 le pays de mon père, même si Djallel n'y était pas retourné. Tu voudrais venir avec moi ? Fatima est d'accord pour nous accompagner...

— Fatima, la mère de Djallel ?

— Après mon bac et… après ta tournée…

— La tournée, je ne suis pas encore sûre d'y aller…

— Si, maman, vas-y ! Si tu restes, qu'est-ce que ça change ?

5   J'irai en internat…

— Toi aussi, c'est ce que tu veux, Sami ?

— Pourquoi pas ? Marché conclu[10], alors ?

Je regarde mon fils, ses grands yeux noirs, sa bouche épaisse.
Puis je tourne la tête vers les arbres qui nous regardent. Je
10   sens les larmes couler de mes yeux. Je l'entends me dire :

— En plus, on a une grand-mère maintenant. Tu sais, elle est
   super !

Je vois arriver vers nous cette vieille dame qu'accompagnent
Loubna, Ludovic et Zoé.

15   — Et Zoé ? je demande.

— Zoé… Sami ne finit pas sa phrase. Son sourire veut tout dire.

— Bonjour, ma fille !

La mère de Djallel est devant moi. Elle me serre contre son cœur
et m'embrasse comme si elle me connaissait depuis toujours. Le
20   passé me rattrape[11] au moment précis où l'avenir me sourit.

— Tes enfants sont beaux, exceptionnels. Ils ont de la chance
   d'avoir une mère comme toi ! Ils m'ont dit que tu es clown !
   Mais tu n'as vraiment pas la tête d'un clown ! Ils ont voulu
   me faire une blague, c'est ça ?

25 Loubna et Sami rient. Moi aussi. Et je pleure. Mes larmes
douces et moites[12] comme la pluie sur un jardin d'été.

1. Choquée

1. Avez-vous compris le chapitre ? Cochez vrai ou faux.

	vrai	faux
Loubna a pensé que sa mère était malade.		✓
Sami a annoncé une nouvelle.		✓
Marlène veut être danseuse.		✓
Loubna n'est plus dans le même lycée que son amie.	✓	
La mère de Loubna a perdu son travail.		✓
Loubna étudie dans un lycée en banlieue.		✓

2. Qui est comment ? Retrouvez le caractère de Loubna, Sami et Marlène. Cochez la bonne case.

	impulsif/ve	inquiet(e)	déterminé(e)	perdu(e)	énervé(e)
Loubna					
Sami					
Marlène					

3. Lisez ces deux textes. Lequel résume le mieux le chapitre ?

Résumé 1 ☐

La mère de Loubna veut changer de profession. Elle annonce la nouvelle à ses trois enfants. Elle veut devenir clown. Loubna n'est pas d'accord. Sami, lui, accepte. Loubna a du mal dans le nouveau collège. Heureusement, sa meilleure amie est là.

Résumé 2 ☑

Marlène annonce à Loubna et Sami, ses enfants, qu'elle va apprendre un nouveau métier, clown. Loubna est déçue au contraire de Sami, qui accepte la décision de sa mère. Loubna se sent seule et à des moments difficiles dans son nouveau collège.

4. Associez ces mots du chapitre à leur signification.

1 disjoncter
2 pétiller
3 être au chômage
4 au bout de
5 rapetisser
6 une perruque

a être sans travail
b briller
c des faux cheveux
d devenir fou
e réduire en taille
f à la fin de

2. Le moral à zéro

1. Répondez aux questions suivantes.

1 Pourquoi Loubna a-t-elle le moral à zéro ?

elle est deprimé

2 Quel est le métier que Loubna voudrait exercer ?

une botaniste

3 Qui Loubna est-elle contente de rencontrer ?

Noémie

2. Remettez dans l'ordre les phrases du chapitre.

7 Quand elle s'en va, elle dit à Marlène que son idée de devenir clown est une bonne idée.

À Oullins, surprise : Noémie attend Loubna à l'arrêt du bus.

Les deux copines se disputent et Noémie laisse Loubna seule.

1 Tout va mal au lycée pour Loubna, surtout en maths.

Les deux copines vont chez Loubna et rencontrent Marlène.

2 Elle va au parc de la Tête d'or, marche un peu puis rentre chez elle.

Dans le bus, elle remarque le garçon aux yeux d'extra-terrestre.

3. Choisissez un synonyme pour le mot souligné.

1 Je suis vachement contente. peu assez très

2 Son visage qui fait des grimaces. rires mimiques sourires

3 Elle a des vêtements affreux. horribles jolis modernes

4 Je suis ambitieuse. travailleuse audacieuse orgueilleuse

4. Anticipez la suite de l'histoire en répondant à ces questions.

1 Loubna a-t-elle perdu son amitié avec Noémie pour toujours ?

2 Le garçon bizarre avec ses yeux verts d'extra-terrestre va-t-il jouer un rôle important ?

3 Loubna pensera-t-elle, comme Noémie, qu'elle a une mère géniale ?

3. Le monde à l'envers

1. Associez les phrases.

1. Loubna ne va pas au collège car
2. Marlène a peur car
3. Loubna est énervée car
4. Sami et Loubna se disputent car
5. Le projet de Marlène n'intéresse pas Sami car

a. elle recommence tout.
b. Sami est du côté de sa mère.
c. il ne pense qu'à lui.
d. ils vont peut être devoir déménager.
e. elle est malade.

2. Complétez les phrases avec la définition qui convient.

1. Une personne qui ne peut pas marcher est un _____ .

2. Une personne qui est bouleversée est _____ .

3. On regarde qui est derrière la porte par un _____ .

4. Si on veut une défense, on prend un _____ .

5. Une personne généreuse a un _____ .

4. Le hasard fait bien les choses

1. Soulignez la bonne réponse.

1 Loubna est émue quand...

   a elle lit le poème de Michaud.

   b elle lit les commentaires de Madame Szac.

2 Loubna tombe parce qu'...

   a elle rate les marches de l'escalier.

   b elle voit le bus partir.

3 Le soir, quand elle est dans son lit,...

   a elle pense à Ludovic.

   b elle lit le poème.

2. Recherchez parmi tous ces mots neuf qui expriment l'émotion de Loubna par rapport à Ludovic, puis, recherchez-les dans la grille ci-dessous.

p	e	g	u	e	m	e	n	t	i	r
k	p	z	m	q	n	x	r	j	t	i
l	r	o	u	g	e	t	i	e	o	d
m	a	r	e	f	g	t	d	t	u	i
n	c	a	t	u	e	o	i	a	e	c
j	o	j	t	y	i	m	w	m	p	u
e	c	o	e	u	r	a	g	o	r	l
o	r	u	g	e	u	t	e	t	a	e
p	s	e	s	e	d	u	a	h	c	s

rouge   joue

bus   consommer

chaudes   lapin

muette   cœur

carpe   spectacle

ridicule   mentir

excité   tomate

5. Et si on se parlait ?

1. Remettez dans l'ordre les phrases du chapitre.

[3] Les deux jeunes expliquent leur passion.

[ ] Sa mère la remercie pour le poème.

[1] À l'arrêt de bus, un jeune homme joue du violoncelle.

[ ] Ludovic se déclare et embrasse Loubna.

[ ] Ludovic sait que Loubna est un prénom marocain.

[ ] Marlène demande à Loubna de l'aider à faire son costume.

[2] Ils parlent de leurs goûts musicaux.

🖐 Projet Internet

Faites des recherches sur les deux spécialités culinaires liées à Loubna :

- le tajine marocain
- les quenelles lyonnaises

6. Un mercredi à Saint-Jean

1. Quel autre titre décrit le mieux le chapitre six ? Justifiez votre choix.

☐ Le devoir de français.

☑ À la rencontre de l'autre.

☐ Des clowns.

☐ La générosité.

_____

_____

2. Complétez ce texte avec les mots que vous trouverez.

| partie | supporter | monde | bonheur | clown | envie |

| surprise | secret | malade | devine | bande |

Sur la place Saint-Jean

Loubna et Ludovic sont seuls au _____ jusqu'à ce qu'une

bande de clowns arrive. La mère de Loubna en fait _____ .

Loubna n'a pas _envie_ de rester sur la place mais Ludovic lui avoue

un _clown_ . Il a été très _malade_ et un clown l'a aidé à

malade la maladie. Ils sont pour lui des porte-_bonheur_ .

Loubna est _____ lorsque Ludovic _devine_ que Marlène est le

_____ avec des couettes.

1. Le psychologue

1. Lisez ces trois phrases. Laquelle résume le mieux le chapitre ?

☐ Malade, Sami est obligé de passer les vacances à l'hôpital.

☐ Sami est à l'hôpital à cause d'un accident de voiture avec ses copains.

☐ Sami a trop bu et on a dû le conduire à l'hôpital.

2. Recherchez dix mots sur le thème de l'hôpital dans la grille ci-dessous.

m	p	s	y	c	o	l	o	g	u	e
e	l	a	v	o	d	i	s	g	d	r
d	a	n	i	m	e	k	u	o	z	e
e	t	g	e	a	d	a	y	p	q	i
c	r	i	x	i	a	c	d	a	a	m
i	e	n	a	m	e	d	c	i	o	r
n	f	g	e	a	c	l	v	o	b	i
p	u	y	s	s	a	n	t	e	v	f
s	h	u	d	o	s	i	f	s	u	n
m	a	l	a	d	i	e	c	i	j	i

2. Mon ange s'appelle Zoé

1. Vous avez lu ce chapitre, soulignez la bonne réponse.

1 Sami pense qu'il voit un ange car...

   a il croit qu'il délire.

   b la fille a un joli sourire.

2 Sami et Zoé ne sont pas sortis ensemble car...

   a Sami a des amnésies.

   b Sami a préféré boire toute la soirée.

3 Sami a très honte car...

   a Zoé lui a offert des fleurs.

   b il s'est mal comporté devant Zoé.

2. Complétez les phrases avec la définition qui convient.

| vide | mémoire | amnésie | croiser | brindille |

1 Une personne qui est très mince est une ___*brindille*___ .

2 Quelqu'un qui oublie les choses a de l' ___*amnése*___ .

3 Le contraire de plein, c'est ___*vide*___ .

4 Quand on veut se souvenir, on cherche dans sa ___*memoire*___ .

5 Rencontrer quelqu'un c'est ___*croiser*___ quelqu'un.

3. Blues à l'hôpital

1. Répondez aux questions suivantes.

1 Est-ce que Sami a envie de voir ses copains ?

_____

2 Sami se pose beaucoup de questions sur la décision de sa mère, pourquoi ?

_____

3 A-t-il parlé de ses problèmes avec l'alcool au psy ?

_____

4 Sami pense-t-il à la mort ?

_____

2. À partir des définitions données, recherchez les mots du chapitre dans la grille ci-dessous.

x	a	n	i	b	l	u	e	s
r	m	a	o	t	e	c	f	r
i	t	v	c	a	f	f	p	a
n	e	i	d	n	x	o	r	c
g	o	s	s	e	u	d	e	r
t	s	e	k	p	a	r	t	c
a	f	f	r	o	n	t	e	r
d	r	c	m	t	m	i	x	e
o	e	i	a	e	t	o	t	f
m	a	x	m	n	e	m	e	k

a synonyme copain (familier)

b une déprimé

c une excuse

d synonyme enfant (familier)

e faire face

f opinion

4. Le cahier

1. Avez-vous compris le chapitre ? Cochez vrai ou faux.

	vrai	faux
Le mot Maroc l'a toujours attiré.		
Il connaît très bien son père.		
Il a eu des amis originaires de là-bas.		
Il dit toujours que son père est marocain.		
Il a déjà visité le Maroc.		

2. La lettre : imaginez qui l'a écrite et pourquoi.

« Je cherche une feuille de papier que j'ai rangée là cet été. J'ai reçu cette lettre peu avant la rentrée et je ne l'ai encore montrée à personne. »

_____

_____

_____

_____

1. Le TGV pour Paris

1. Répondez aux questions suivantes.

1. Pourquoi Marlène va-t-elle à Paris ?

_____

2. Pourquoi décide-t-elle de marcher au début ?

_____

3. Que recherche Steve Duchemin pour son cirque ?

_____

4. Pourquoi n'a-t-elle plus de contact avec ses parents ?

_____

5. Pourquoi Marlène est-elle plus inquiète pour Sami que pour Loubna ?

_____

2. Choisissez un synonyme pour le mot souligné.

1. Je risque de rater mon TGV.　　demander　　manquer　　prendre

2. Il cherche quelqu'un de drôle.　　horrible　　cynique　　comique

3. Je suis sur le quai.　　couloir　　wagon　　plate-forme

4. Mon cœur se serre.　　rétréci　　agrandit　　ferme

3. Remettez dans l'ordre les phrases du chapitre.

☐ Marlène est finalement dans le TGV.

☐ Elle n'a pas vu venir le problème de Sami.

☐ Marlène ne prend pas le bus mais veut marcher pour pouvoir penser.

☐ Les enfants ont besoin d'elle petits ou adolescents.

☐ Marlène se dit qu'elle peut toujours renoncer à son rêve.

☐ Elle repense à sa vie et ses choix de jeunesse.

4. Anticipez la suite de l'histoire en répondant à ces questions.

1 Marlène va-t-elle réussir l'audition ?

_____

2 Son fils Sami va-t-il aller mieux ?

_____

3 Est-ce le mauvais moment pour commencer une nouvelle vie ?

_____

2. Souvenirs

1. Soulignez la bonne réponse.

1 Marlène a décidé de devenir clown...

☐ parce que c'est joli.

☐ parce que c'est un métier à la mode.

☑ parce que c'est son rêve depuis longtemps.

2 Elle se souvient des frères Groseille...

☐ qu'elle a entendus à la radio.

☑ qu'elle a rencontrés quand elle avait dix ans.

☐ qu'elle a détestés quand elle était enfant.

3 Laurent c'était...

☐ un voisin.

☐ le frère de Marlène.

☑ un petit garçon avec qui Marlène chantait Piaf.

4 Marlène a fait une classe de cirque...

☑ qui a été un grand événement dans sa vie.

☐ qui ne s'est pas bien passée avec Laurent.

☐ qui n'est pas un grand souvenir pour elle.

3. La plus belle des rencontres

1. Qui dit quoi ? Cochez la bonne case.

	Steve	Marlène	Mme Barbarelli
On s'est déjà parlé au téléphone.			
Oui, bien sûr.			
Tu es prête à partir ?			
Tu hésites, c'est ça ?			
C'est un choix comme un autre.			
Merci beaucoup.			
Très bon choix, ce nom de scène.			

2. Recherchez huit mots associés au monde du spectacle dans la grille ci-dessous.

v	x	o	u	s	c	l	o	w	n
s	i	n	g	e	a	u	c	a	f
c	o	a	b	f	s	c	x	v	a
e	v	j	v	o	t	e	j	l	u
n	t	l	c	f	i	a	u	j	d
e	o	a	l	j	n	d	r	c	i
f	u	b	f	u	g	s	y	f	t
c	r	s	e	a	f	d	p	e	i
e	n	u	d	s	o	a	v	j	o
v	e	s	c	i	r	q	u	e	n
o	e	a	p	d	v	b	i	o	s

4. L'heure des choix

1. Répondez aux questions suivantes.

1 Qu'annonce Loubna à Marlène ?

interne

2 Qui a téléphoné ?

Steve

3 Quelle nouvelle a Mona ?

4 Qui sonne à la porte après Mona ?

2. Associez les huit mots du chapitre à leur signification.

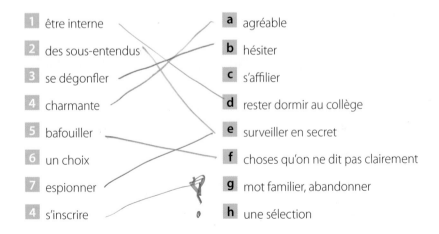

1 être interne   **a** agréable

2 des sous-entendus   **b** hésiter

3 se dégonfler   **c** s'affilier

4 charmante   **d** rester dormir au collège

5 bafouiller   **e** surveiller en secret

6 un choix   **f** choses qu'on ne dit pas clairement

7 espionner   **g** mot familier, abandonner

4 s'inscrire   **h** une sélection

5. Le secret de Sami

1. Avez-vous compris le chapitre ? Cochez vrai ou faux.

	vrai	faux
Marlène trouve Sami dans sa chambre d'hôpital.		✓
Marlène crie avec le docteur.	✓	
Sami réagit très mal quand sa mère lui annonce son départ.		✓
Marlène écoute son fils sans parler.	✓	
Le père de Sami et Loubna vivait à côté de Lyon.	✓	
Sami a connu sa grand-mère il y a six mois.		✓

2. Marlène et ses enfants ont changé. Écrivez pour chacun d'eux une phrase pour résumer leur évolution.

	avant	après
Sami		
Loubna		
Marlène		

Français	Anglais	Espagnol	Italien
1. Choquée			
[1] **disjoncter**	to crack up	cruzársele los cables a alguien	andare fuori di testa
[2] **côté** (m.)	side	lado	fianco
[3] **rester debout**	to stand	quedarse de pie	stare in piedi
[4] **cuisinière** (f.)	cooker	cocina	cucina
[5] **cirque** (m.)	circus	circo	circo
[6] **pétiller**	to sparkle	brillar	brillare
[7] **tremblement de terre**	earthquake	terremoto	terremoto
[8] **mouton** (m.)	sheep	oveja	montone
[9] **dodo**	sleep	dormir	nanna
[10] **mûr** (m.)	mature	maduro	maturo
[11] **résonner**	to echo	retumbar	risuonare
[12] **tu rigoles ?**	are you kidding?	¿en serio?	stai scherzando?
[13] **volontaire**	volunteer	voluntario	volontario
[14] **prime** (f.)	bonus	prima	premio
[15] **usine** (f.)	factory	fábrica	fabbrica
[16] **salaire** (m.)	wage/salary	salario	stipendio
[17] **isolé**	isolated	aislado	isolato
[18] **bulle** (f.)	bubble	burbuja	bolla
[19] **aller au bout de**	go after	perseguir	andare fino in fondo
[20] **trahir**	to betray	traicionar	tradire
[21] **abandonner**	to abandon	abandonar	abbandonare
[22] **se raisonner**	to rationalize	atender a razones	controllarsi
[23] **inséparable**	inseparable	inseparable	inseparabile
[24] **en abrégé**	in an abbreviated form	resumido	in sintesi
[25] **rapetisser**	to shrink	reducir	rimpicciolire
[26] **serrer le cœur à qqn**	someone's heart sank	entristecer a alguien	intristire qlcn

Français	Anglais	Espagnol	Italien
[27] **nez** (m.)	nose	nariz	naso
[28] **arbre généalogique** (m.)	family tree	árbol genealógico	albero genealogico
[29] **dur**	hard	duro	duro, a
[30] **lokoum** (m.)	turkish delight	dulce árabe	dolce turco
[31] **plutôt**	instead/rather	más bien	piuttosto

2. Le moral à zéro

[1] **avoir le moral à zéro**	to be really down	tener la moral por los suelos	avere il morale a terra
[2] **cours particuliers** (m.)	private classes	clases particulares	lezioni private
[3] **ambitieux**	ambitious	ambicioso	ambizioso
[4] **luxe** (m.)	luxury	lujo	lusso
[5] **se tromper**	to make a mistake/be mistaken	equivocarse	sbagliarsi
[6] **le mien**	mine	el mío	il mio
[7] **extra-terrestre**	extra-terrestrial/ET	extraterrestre	extraterrestre
[8] **oreille** (f.)	ear	oreja	orecchio
[9] **cou** (m.)	neck	cuello	collo
[10] **lorsque**	when	cuando	quando
[11] **être capable**	to be able	ser capaz	essere capace di
[12] **sourcil** (m.)	eyebrow	ceja	sopracciglio
[13] **maquillage** (m.)	make up	maquillaje	trucco
[14] **rictus** (m.)	grin	rictus	ghigno
[15] **aveugle**	blind	ciego	cieco
[16] **délirer**	to be out of one's mind	delirar	delirare
[17] **pathétique**	pathetic	patético	patetico
[18] **éponge** (f.)	sponge	esponja	spugna
[19] **réduire**	to reduce	reducir	ridurre
[20] **s'éloigner**	to move away from	alejarse	allontanarsi
[21] **pierre** (f.)	rock	piedra	pietra

Français	Anglais	Espagnol	Italien

3. Le monde à l'envers

[1] **à l'envers**	upside down	al revés	al contrario
[2] **glacé**	icy/ice-cold	helado	ghiacciato
[3] **se défouler**	to unwind	desahogarse	sfogarsi
[4] **prétexte** (m.)	excuse	pretexto	pretesto
[5] **station-service** (f.)	gas station	estación de servicio	stazione di servizio
[6] **chamboulé**	upset/shaken up	trastornado	scombussolato
[7] **nulle part**	nowhere	ninguna parte	da nessuna parte
[8] **affaires** (f.)	things	cosas	cose
[9] **avoir le trac**	to be nervous	estar nervios	avere fifa
[10] **s'acharner contre**	to be dead set against	ensañarse con	accanirsi contro
[11] **erreur** (f.)	mistake	error	errore
[12] **quand même**	but still/nevertheless	al menos	nonostante tutto
[13] **maître**	teacher	maestro	maestro
[14] **se débrouiller**	to manage on your own	arreglárselas	cavarsela
[15] **lever**	to raise	levantar	alzare
[16] **lucide**	lucid	lúcido	lucido
[17] **déranger**	to bother someone/ to disturb	molestar	infastidire
[18] **trêve de plaisanterie !**	that's enough nonsense!	¡basta de bromas!	basta con gli scherzi!
[19] **sentir qqch**	to smell	oler a algo	odorare di qlc
[20] **panaché** (m.)	shandy	clara (cerveza con limón)	bevanda a base di birra e gazosa
[21] **mal tourner**	to turn out badly	ir por mal camino	finire male
[22] **provoquer**	to provoque	provocar	provocare
[23] **indispensable**	essential	indispensable	indispensabile
[24] **s'enfermer**	to shut oneself away	encerrarse	rinchiudersi
[25] **empoisoner**	to make someone's life a misery	amargar	amareggiare
[26] **défaut** (m.)	fault/defect	defecto	difetto
[27] **aile** (f.)	wings	ala	ali
[28] **rajeunir**	to look (feel) younger	rejuvenecer	ringiovanire

Français	Anglais	Espagnol	Italien
[29] **judas** (m.)	peep hole	mirilla	spioncino
[30] **infirme**	disabled	impedido	invalido
[31] **handicapé**	handicapped	discapacitado	disabile
[32] **souffler**	to whisper	soplar	soffiare
[33] **de travers**	lopsided	torcido	di traverso
[34] **cerveau** (m.)	brain	cerebro	cervello
[35] **au ralenti**	slow motion	ralentizado	al rallentatore
[36] **valide**	valid	sano	valido
[37] **or** (m.)	gold	oro	oro

4. Le hasard fait bien les choses

Français	Anglais	Espagnol	Italien
[1] **hasard** (m.)	coincidence	azar	coincidenza
[2] **blague** (f.)	joke	broma	barzelletta
[3] **arracher l'ancre**	to pull out the anchor	arrancar el ancla	togliere l'ancora
[4] **navire**	ship	navío	nave
[5] **prétention** (f.)	pretention	pretensión	presunzione
[6] **ramasser**	to pick up	recoger	raccogliere
[7] **joue** (f.)	cheek	mejilla	guancia
[8] **laid**	ugly	feo	brutto
[9] **craquant**	gorgeous	maravilloso	irresistibile
[10] **muet**	dumb	mudo	muto
[11] **carpe** (f.)	carp	carpa	carpa
[12] **vitre** (f.)	glass/window	cristal	vetro
[13] **péniche** (f.)	barge	chalana	chiatta
[14] **gueule** (f.)	face	cara	aspetto
[15] **mentir**	to lie	mentir	mentire
[16] **timbre** (m.)	stamp	sello	francobollo
[17] **imprimer**	to print	imprimir	stampare
[18] **n'importe quoi**	anything	cualquier cosa	qualunque cosa
[19] **recommander**	to recommend	recomendar	raccomandare
[20] **suite** (f.)	series	serie	serie
[21] **incroyable**	incredible	increíble	incredibile

Français	Anglais	Espagnol	Italien
5. Et si on se parlait ?			
[1] **s'affoler**	to panic	volverse loco	perdere la testa
[2] **son** (m.)	sound	sonido	suono
[3] **particulièrement**	particularly	particularmente	particolarmente
[4] **écarlate**	scarlet	escarlata	scarlatto
[5] **à nouveau**	again	de nuevo	di nuovo
[6] **rivière** (f.)	river	río	fiume
[7] **grand écart** (m.)	big gap	ejercicio de equilibrio	spaccata
[8] **autour de qqn**	around someone	alrededor de alguien	intorno a qlcn
[9] **étouffer**	to stifle	ahogar	soffocare
[10] **fil** (m.)	tight rope/string	hilo	filo
[11] **baiser** (m.)	kiss	beso	bacio
[12] **étourdi**	dizzy	aturdido	stordito
6. Un mercredi à Saint-Jean			
[1] **agiter**	to shake	agitar	agitare
[2] **oser**	to dare	atreverse a	osare
[3] **soucoupe volante** (f.)	flying saucer/UFO	platillo volante	disco volante
[4] **quatuor** (m.)	quartet	cuarteto	quartetto
[5] **mou**	soft	flojo	molle
[6] **argenté**	silver	plateado	argentato
[7] **couettes** (f.)	rubber bands	coleteros	fermagli
[8] **à grands talons**	large heels	de tacón alto	tacchi alti
[9] **signe** (m.)	sign	señal	segno
[10] **inquiétude** (f.)	worry	inquietud	inquietudine
[11] **dévisager**	stare (persistently) at	mirar fijamente	squadrare
[12] **approcher**	to get close to	acercar	avvicinare
[13] **en arrière**	behind	atrás	retro
[14] **deviner**	guess	adivinar	intuire
[15] **perçant**	piercing	penetrante	acuto
[16] **point commun** (m.)	common feature	punto en común	punto in comune
[17] **vexé**	offended/hurt	molesto	offeso

Français	Anglais	Espagnol	Italien

1. Le psychologue

[1] **genre** (m.)	type	tipo	genere
[2] **se prendre la tête**	to complicate things/ to get worked up	complicarse la vida	complicarsi la vita
[3] **dérangé**	unbalanced	perturbado	sconvolto
[4] **hausser les épaules**	to shrug one's shoulder	encogerse de hombros	scrollare le spalle
[5] **à l'étroit**	cramped	apretado	stretto
[6] **plâtre** (m.)	cast/plaster	yeso	gesso
[7] **os** (m.)	bone	hueso	osso
[8] **trou** (m.)	hole	agujero	buco
[9] **sang** (m.)	blood	sangre	sangue
[10] **croiser**	to meet	cruzar	incrociare
[11] **vomir**	to throw up	vomitar	vomitare
[12] **se mettre minable**	to get pitiful	ponerse ciego	sbronzarsi
[13] **drôle d'énergumène**	odd character	extraño energúmeno	tipo strano
[14] **grandir**	to grow	crecer	crescere
[15] **laisser tranquille**	to leave alone	dejar tranquilo	lasciare in pace
[16] **serrer**	to hug	abrazar	stringere
[17] **formidable**	wonderful	estupendo	formidabile
[18] **échasse** (f.)	stilt	zanco	trampolo
[19] **éolienne** (f.)	windmill	molino de viento	mulino a vento

2. Mon ange s'appelle Zoé

[1] **ange** (m.)	angel	ángel	angelo
[2] **brindille** (f.)	twig	ramita	fuscello
[3] **miel** (m.)	honey	miel	miele
[4] **parfait**	perfect	perfecto	perfetto
[5] **épais**	thick	grueso	spesso
[6] **apparition** (f.)	apparition	aparición	apparizione
[7] **mémoire** (f.)	memory	memoria	memoria

Français	Anglais	Espagnol	Italien
[8] amener	to bring	traer	portare
[9] perdre connaissance	to faint	perder el conocimiento	perdere conoscenza
[10] doux	soft	dulce	dolce

3. Blues à l'hôpital

Français	Anglais	Espagnol	Italien
[1] en bois	wooden	de madera	di legno
[2] en acier	steel	de acero	d'acciaio
[3] pote (m.)	mate	colega	amico
[4] sonné	groggy	loco	suonato
[5] secouer	to shake	zarandear	scuotere
[6] toucher le fond	to hit bottom	tocar fondo	toccare il fondo
[7] forcément	necessarily	forzosamente	necessariamente
[8] exagérer	to exaggerate	exagerar	esagerare
[9] arranger	to be convinient for	venir bien (a alguien algo)	sistemare
[10] animer	to liven up	animar	animare
[11] contrainte (f.)	constraint	obligación	obbligo
[12] accélérer	to speed up	acelerar	accellerare
[13] cadence (f.)	rhythm	ritmo	cadenza
[14] gosse	kid	chaval	ragazzino
[15] affronter	to face	afrontar	affrontare
[16] comme une pierre en travers de ma gorge	like a stone stuck in my throat	como un nudo en la garganta	avere un nodo in gola
[17] pénétrer	to penetrate	penetrar	penetrare
[18] serrer les dents	to clench one's teeth	apretar los dientes	stringere i denti
[19] prier	to pray	rezar	pregare
[20] lourd	heavy	difícil	pesante
[21] en vouloir à qqn	to have a grudge against somebody	estar resentido con alguien	avercela con qlcn
[22] ignorer	to ignore	ignorar	ignorare
[23] battre	to beat (heart)	latir	picchiare

Français	Anglais	Espagnol	Italien
4. Le cahier			
[1] **léger**	light	suave	leggero
[2] **rouspéter**	to grumble	refunfuñar	brontolare
[3] **apprenti**	apprentice	aprendiz	apprendista
[4] **bénévole**	volonteer	voluntario	volontario
[5] **rayonner**	to be radiant/to beam	deslumbrar	risplendere
[6] **gagner sa vie**	to earn a living	ganarse la vida	guadagnarsi da vivere
[7] **encourager**	to encourage	animar	incoraggiare
[8] **peser**	to weigh	pesar	pesare
[9] **apercevoir**	to notice	ver	scorgere
[10] **contagieux**	contageous	contagioso	contagioso
[11] **faire demi-tour**	to turn back	dar media vuelta	fare dietrofront
[12] **maigre**	skinny	delgado	magro
[13] **ressentir**	to feel	sentir	provare
[14] **attirer**	to attract	atraer	affascinare
[15] **portefeuille** (m.)	wallet	cartera	portafogli
1. Le TGV pour Paris			
[1] **frigo** (m.)	fridge	nevera	frigo
[2] **remplir**	to fill	llenar	riempire
[3] **adolescence** (f.)	adolescence	adolescencia	adolescenza
[4] **autant**	as much as	tanto	tanto
[5] **enfer** (m.)	hell	infierno	inferno
[6] **se prendre pour**	to think one is…	tenerse por	credersi
[7] **Cendrillon**	Cenderella	Cenicienta	Cenerentola
[8] **s'en sortir**	to pull through/get by	arreglárselas	cavarsela
[9] **audition** (v.)	audition	prueba	audizione
[10] **assurer**	to assure	asegurar	assicurare
[11] **escaliers** (m.)	stairs/staircase	escalera	scale
[12] **sauter**	to jump	saltar	saltare
[13] **paraître**	to seem	parecer	sembrare

Français	Anglais	Espagnol	Italien
[14] **facture** (f.)	bill	factura	fattura
[15] **gâcher**	to ruin	arruinar	sprecare
[16] **pousser**	to push	empujar	spingere
[17] **pression** (f.)	pressure	presión	pressione
[18] **agent économique** (m.)	economic agents	agente económico	fattori economici
[19] **syndicat** (m.)	union	sindicato	sindacato
[20] **abuser**	to abuse	abusar	abusare
[21] **vague** (f.)	wave	ola	onda
[22] **abîmé**	damaged	magullado	rovinato
[23] **faillir faire qqch**	almost do something	estar a punto de hacer algo	mancarci poco per
[24] **se remettre**	to recover	recuperarse	rimettersi
[25] **renoncer**	to give up	renunciar	rinunciare, arrendersi

2. Souvenirs

Français	Anglais	Espagnol	Italien
[1] **pro**	pro	profesional	professionista
[2] **gri-gri** (m.)	good luck charm	amuleto	amuleto
[3] **plier**	to fold	doblar	piegare
[4] **assommer**	to knock out	tumbar	mettere fuori gioco
[5] **adulte**	adult	adulto	adulto
[6] **dresser**	to train	adiestrar	addestrare
[7] **en gifles majuscules**	big slap	a grandes bofetadas	a schiaffoni
[8] **vocation** (f.)	vocation	vocación	vocazione
[9] **chapiteau** (m.)	marquee/big top	carpa	tendone
[10] **révélation** (f.)	revelation	revelación	rivelazione
[11] **autoriser**	to authorise	autorizar	autorizzare
[12] **prétentieux**	pretentious	pretencioso	pretenzioso
[13] **sonner**	to sound	sonar	suonare
[14] **combat** (m.)	struggle	lucha	combattimento
[15] **rideau** (m.)	curtain	telón	sipario

Français	Anglais	Espagnol	Italien
3. La plus belle des rencontres			
[1] **metteur en scène**	(stage--theatre) director	director	regista
[2] **prestation** (f.)	performance	actuación	prestazione
[3] **désagréable**	unpleasant	desagradable	spiacevole
[4] **perdre ses moyens**	to go to pieces/to loose one's means	perder facultades	entrare nel pallone
[5] **essoufflé**	out of breath	sin aliento	senza fiato
[6] **briller**	to shine	brillar	brillare
[7] **remettre en question**	to question	cuestionar	mettere in discussione
[8] **reprendre son souffle**	to catch one's breath	recuperar el aliento	riprendere fiato
[9] **saluer**	to say « hello »	saludar	salutare
[10] **voie** (f.)	way	vía	via
[11] **d'un coup**	suddenly/at one go	de golpe	d'un colpo
[12] **singe** (m.)	monkey	mono	scimmia
[13] **s'offusquer**	to take offence	ofenderse	offendersi
[14] **avec gravité**	with seriousness	seriamente	seriamente
[15] **suite** (f.)	the rest	continuación	seguito
4. L'heure des choix			
[1] **fâché**	angry	enfadado	arrabbiato
[2] **interne**	boarder	interno	allievo
[3] **faire un effort**	to make an effort	hacer un esfuerzo	fare uno sforzo
[4] **sous-entendu**	innuendo	sobreentendido	sottinteso
[5] **bébé**	baby	bebé	bebè
[6] **bouleverser**	to upset	transformar	scombussolare
[7] **se jeter**	to throw onself into	tirarse	buttarsi
[8] **spectateur**	member of the audience	espectador	spettatore
[9] **se dégonfler**	to quit	desinflarse	sgonfiarsi
[10] **gêner**	to embarrass	molestar	scocciare

Français	Anglais	Espagnol	Italien
[11] **intervenir**	to intervene/to speak	intervenir	intervenire
[12] **exploser**	to explode	explotar	esplodere
[13] **bafouiller**	to stammer	balbucear	bofonchiare
[14] **espionner**	to spy	espiar	spiare
[15] **inscrire**	to enrol	inscribir	iscrivere
[16] **réviser**	to review	revisar	ripassare
[17] **tout à l'heure**	later on	después, luego	a dopo

5. Le secret de Sami

[1] **majeur**	of age	mayor	maggiore
[2] **ne pas être disponible**	not be available	no estar disponible	non essere disponibile
[3] **accumuler**	to accumulate	acumular	accumulare
[4] **s'échapper**	to escape	escaparse	scappare
[5] **foncer**	to charge/to rush	lanzarse	catapultarsi
[6] **régulièrement**	regularly	regularmente	regolarmente
[7] **consultation** (f.)	consultation	consulta	consultazione
[8] **comportement** (m.)	behaviour	comportamiento	comportamento
[9] **préoccuper**	to worry	preocupar	preoccupare
[10] **marché conclu**	it's a deal	trato hecho	affare fatto
[11] **rattraper**	to make up for	alcanzar	riprendere
[12] **moite**	sweaty	húmedo	umidiccio

Notes

Ce roman a été
imprimé au
printemps 2012